Halldór Gudmundsson
Halldór Laxness – Sein Leben

Halldór Gudmundsson

Halldór Laxness – Sein Leben

Steidl

Inhalt

Vorwort 7

Einleitung 9

Vom Traum des neunzehnten Jahrhunderts halbwegs erwacht
   Kindheit und Jugend in Island 1902 bis 1919 13

Von Hamsun bis Hollywood
   Lehr- und Wanderjahre 1919 bis 1929 27

Denn für dieses Leben ist der Mensch nicht schlecht genug
   Die Zeit der großen sozialen Romane und des politischen Engagements
   1930 bis 1940 77

Die glücklichen Krieger – Vom heißen zum Kalten Krieg
   Rückbesinnung auf die isländische Tradition 1940 bis 1955 141

Verlorene Illusionen
   Nobelpreis und Desillusion 1955 bis 1968 183

Auf der Hauswiese – Bilanz eines Jahrhunderts
   Rückkehr nach Laxnes 1968 bis 1998 211

Bibliographie 231

Editorische Notiz 235

Bildnachweis 239

Vorwort

Der Text in diesem Buch erschien zuerst unter dem Titel *Halldór Laxness – Leben und Werk* im Jahr 2002, einhundert Jahre nach Laxness' Geburt. Gerhard Steidl, Laxness' deutscher Verleger, hatte mich aus Anlass dieses Jubiläums um eine Einführung in das Leben und die Werke des Autors gebeten. Gleichzeitig erschien im Steidl Verlag eine Werkausgabe, herausgegeben von Hubert Seelow. Später wurde das Buch auch als Taschenbuch aufgelegt und ist inzwischen vergriffen.

Zwei Jahre darauf veröffentlichte ich eine große Laxness-Biographie, mit einem Umfang von 800 Seiten, die unter anderem auch ins Deutsche übersetzt wurde und 2007 beim btb Verlag in München herauskam. Dort wird Laxness' Leben viel ausführlicher beschrieben, unter anderem anhand von Briefen und Dokumenten aus dem Nachlass.

Für die vorliegende Ausgabe meines früheren Buches wurden im Text wenige Korrekturen und ein paar kurze Einfügungen vorgenommen, basierend auf neuen Forschungsergebnissen. Die wichtigste Ergänzung in dieser Ausgabe ist neues Bildmaterial. Gerhard Steidl und Laxness' inzwischen verstorbener isländischer Verleger Ólafur Ragnarsson hatten seinerzeit überlegt, einen Bildband über den isländischen Nobelpreisträger zu gestalten. Die Pläne wurden nicht realisiert, aber so kam Steidl in den Besitz vieler Photographien aus Laxness' Leben, die zum Teil bislang noch nicht veröffentlicht wurden. Hinzugefügt wurden auch einige Aufnahmen, die Laxness selbst gemacht hat und mit denen der Kurator Matthias Wagner K eine kleine Ausstellung gestaltete (»Der späte Blick«, 2008). Diese höchst interessanten Photostrecken ermöglichen dem Leser hoffentlich einen neuen und spannenden Zugang zum Leben eines der großen europäischen Erzähler des 20. Jahrhunderts.

Halldór Gudmundsson

Einleitung

»Nicht nur ihm, Halldór Laxness, gilt mein Glückwunsch, auch Island, seiner Heimat, die ich mir feucht vorstelle und die doch dieses Genie der Trockenheit, eben ihn, Laxness, hervorgebracht hat – oh, welche Wiedergeburt des ›Nordischen‹ aus dem Nordischen – Seele zu zeigen ohne Seelenkrise! Gefühle ohne Sentimentalität.« *Heinrich Böll*

Halldór Laxness war Islands Nationaldichter – und zugleich der letzte Nationaldichter der westlichen Welt. Er wurde nicht von allen Menschen und zu allen Zeiten geliebt und geachtet, doch was in seinen Büchern stand, ging alle an, wurde Teil des isländischen Selbstverständnisses. Das Phänomen des Nationaldichters war in der westlichen Welt eine Erscheinung des 19. Jahrhunderts. Es gehört in eine Zeit, in der Romane noch eine wesentliche Rolle für das Weltbild der Menschen spielten und die Funktion von Nachrichtenagentur, Ratgeber und Seismograph in sich vereinigten. Man konnte die Verse ›seiner‹ Dichter noch auswendig, sie bildeten mit den bedeutendsten Romanen den Boden, auf dem jeder lesende Mensch stand und sich auskannte.

In den meisten westeuropäischen Ländern verschwand die Institution des Nationaldichters um die Wende zum 20. Jahrhundert, am längsten hielt sie sich wahrscheinlich in Skandinavien. Außerhalb Islands war wohl Knut Hamsun der letzte nordische Nationaldichter, und die Umstände, wie er schließlich in Ungnade fiel, zeugen nicht nur von der Dummheit seiner politischen Ansichten, sondern auch von der Unhaltbarkeit dieser Stellung. In Island aber hielt Halldór Laxness diese Position bis ins späte 20. Jahrhundert. Nicht weil er ein Mann des 19. Jahrhunderts gewesen wäre – im Gegenteil, er war in nahezu jeder Hinsicht ein Mann der Moderne –, sondern weil die Moderne so spät nach Island gekommen war und das Land schließlich innerhalb eines halben Jahrhunderts die gesellschaftliche und literarische Entwicklung Europas der letzten dreihundert Jahre durchlebte.

Halldór Laxness hat diese Position genutzt und genossen. Von Anfang an wollte er erziehen: zur Zivilisation und zur modernen Lebensweise. Er wollte aufrütteln, weil man in seiner Jugend in Island »den Traum des 19. Jahrhunderts noch nicht zu Ende geträumt hatte«, wie es in seinen Memoiren heißt. Dieses im weitesten Sinne erzieherische Element blieb, wie seine Neigung zum Provokativen und zum Absurd-Grotesken, bis ins hohe Alter hinein von Bedeutung für sein Schreiben.

In der isländischen Literatur verkörperte Halldór Laxness das 20. Jahrhundert; 1902 geboren und 1998 gestorben, war er in jeder Hinsicht ein Kind dieses Jahrhunderts der Extreme. »Eben flogen zwei Schwäne nach Osten. Die Welt ist wie eine Bühne, auf der alles für eine große Oper hergerichtet ist«, lauten die Eröffnungssätze seines ersten großen Romans, den er 1927 veröffentlichte, und im letzten Absatz seines letzten Buchs steht: »Und so glaube ich, daß sich diese Kindheitsgeschichte jetzt allmählich dem Ende zuneigt.« Zwischen diesen Sätzen liegt ein Lebenswerk der Weltliteratur. Halldór Laxness schrieb sechzig Bücher: Romane, Erzählungen, Dramen, Gedichte, Aufsätze und Erinnerungsbände. Seine Werke wurden inzwischen in 43 Sprachen übersetzt.

Halldór Laxness war der erste isländische Berufsschriftsteller der Neuzeit und ein großartiger Erzähler von Geschichten. Das Erzählen ist das wichtigste Merkmal der literarischen Tradition Islands, deren Wurzeln in den mittelalterlichen Sagas liegen. Das Lesen, Aufschreiben und Erzählen von Sagas hatte den Isländern geholfen, ihre Sprache, ihren Stolz und ihre Identität manch dunkle Epoche hindurch zu bewahren. Noch zu Beginn des 20. Jahrhunderts war Island eine arme, unterentwickelte und isolierte Insel, kaum jemand wußte etwas über Architektur, bildende Kunst oder zeitgenössische Musik. Die Literatur jedoch war ihnen seit jeher vertraut. Nachdem Island 1918 die politische Selbständigkeit erlangt hatte, übernahm die Literatur wie von selbst eine zentrale Rolle bei der Ausprägung des Nationalbewußtseins. Island suchte Anschluß an die Moderne und wollte zugleich die eigene Tradition bewahren. Laxness vereinigte dies in seinem Werk, obwohl es anfangs gar nicht seinen Absichten entsprach und er es sich und seinen Lesern auch nie einfach machte.

Halldór Laxness war ein äußerst neugieriger und scharfsinniger Mensch. Er reiste viel, nahm an den guten und manchmal schlechten Kämpfen seiner Zeit teil und berichtete seinen Lesern von allem, was er sah und erlebte. Sein Werk bildet seine wendungsreiche Entwicklung ab vom Nietzsche-Jünger und Katholiken über den Anhänger des Sowjetsozialismus und fernöstlicher Lebensphilosophien bis hin zum skeptischen Humanisten. Zugleich wirft er in seinen Büchern immer wieder seinen unbestechlichen und kritischen Blick auf Vorurteile und Ideologien, sieht sie im klaren Licht des Erzählens und redet letztlich immer der Literatur das Wort. »Gott hüte mich davor, die Welt zu retten, ich bin ein Geschichtenerzähler«, sagte er in einem seiner letzten Interviews. Er erzählte selten abstrakt und nur von einer Idee getrieben, er erzählte stets Geschichten von Menschen, kunstvoll, anrührend, tief, und schilderte sie, als stünden sie leibhaftig vor einem.

Halldór Laxness war in seinem Leben und in seinem Schaffen zwischen Politik und Kunst, zwischen der großen Welt und der kleinen Heimat hin- und hergerissen. Dieser Konflikt, der für ihn persönlich oft schwierig war, wurde für seine schriftstellerische Arbeit und damit für die gesamte isländische Literatur außerordentlich fruchtbar. Stets war er sich seiner Herkunft bewußt. In seiner Dankesrede anläßlich der Verleihung des Nobelpreises für Literatur 1955 sagte er: »Aber wenn ein isländischer Dichter seine Herkunft vergißt, die in der Tiefe der Volksseele liegt, dort wo die Saga zu Hause ist, wenn er seine Verbindung und seine Verpflichtung gegenüber dem bedrohten Leben verliert, dem Leben, das mich meine alte Großmutter zu achten gelehrt hat – dann ist der Ruhm so gut wie wertlos; und ebenso das Glück, das Geld beschert.«

Vom Traum des neunzehnten Jahrhunderts halbwegs erwacht

Kindheit und Jugend in Island 1902 bis 1919

»Er war nämlich noch keine neun Jahre alt, als er seine ersten religiösen Erlebnisse hatte. Er steht vielleicht unten an der Bucht, und es wird allmählich Frühling, oder draußen auf der Landzunge westlich der Bucht, und dort ist ein Hügel und oben auf dem Hügel ein leuchtend grüner Grasbuckel, oder vielleicht droben am Berghang oberhalb der Hauswiese, und auf der Hauswiese stand üppiges Gras, bald würde es gemäht werden. Da ist ihm, als sehe er das Antlitz Gottes vor sich. Er spürt, wie sich das Göttliche mit einem unbeschreibbaren Klang in der Natur offenbart, das war der Klang der Offenbarung der Kraft des Göttlichen. Und mit einem Male ist er selbst zu einer zitternden Stimme in diesem herrlichen Klang der Allmacht geworden. Es ist, als wolle sich seine Seele über den Körper hinaus erheben, wie aufgeschäumte Magermilch über den Rand einer Schüssel; es war, als fließe seine Seele in das unermeßliche Meer eines höheren Lebens über den Worten, jenseits aller Wahrnehmung; der Körper durchdrungen von einem brandenden Licht, über allen Lichtern; seufzend machte er sich klar, wie klein er war inmitten dieses unendlichen herrlichen Klangs und Lichts; sein ganzes Bewußtsein mündete in eine einzige, heilige, tränenreiche Sehnsucht danach, in diesem Höchsten aufgehen zu dürfen, nichts mehr für sich selbst zu sein.« *(Weltlicht)*

Warum verfällt ein Jugendlicher, ja ein Kind, dem Schreiben? Der Roman *Weltlicht* erzählt das Schicksal von Olafur Karason, einem Jungen, der aufgrund der Armut seiner Eltern in einem fremden Haus aufwächst. Unermüdlich sucht er nach dem »Klang der Offenbarung der Kraft des Göttlichen«, den er in seiner Kindheit vernommen hatte. Der erste Teil des Werks erzählt von seiner Jugend, und obwohl Halldór Laxness nicht seine eigene Biographie verarbeitete, findet sich doch vieles in den Empfindungen und Erlebnissen Olafurs, das Laxness aus eigener Erfahrung schöpft. Anders als sein Romanheld wuchs der Schriftsteller nicht in Armut auf, doch beide teilen die tiefe Gewißheit, anders zu sein, nicht ganz im Takt mit ihrer Umwelt zu schlagen. Beide leben in ihrer eigenen Welt und verschlingen alle Bücher, die ihnen in die Hände kommen – und beide hatten in ihrer Jugend ein Erlebnis, das sie als übernatürlich erfahren, als »göttlich«, wie es in *Weltlicht* heißt, wenn auch nicht im streng religiösen Sinn des Wortes.

Das eingangs zitierte Erlebnis spielt in Laxness' Werk immer wieder eine Rolle, etwa in der Erzählung *Mein heiliger Stein* aus dem Jahr 1921. Dort wird ein Kindheitserlebnis an einem kleinen Felsen namens Gljufrasteinn in unmittelbarer Nähe des Elternhauses geschildert. Der Erzähler berichtet, wie er als Siebenjähriger an dem Stein am Bach vorbeiging und plötzlich »das Echo der geheimen Sprache meiner Seele« vernahm. »Ich spürte, wie die Luft von Flügelschlägen bewegt wurde, sah aber keine Flügel; ich wurde von einem Gefühl der Ehrfurcht und Heiligkeit ergriffen, und mir schien, ich sei von Engeln umringt.« Kurz darauf erscheint Christus dem Jungen, und nun wird alles andere belanglos. Viele Jahre später, 1945, errichtete Laxness an dieser Stelle ein Haus und lebte dort für den Rest seines Lebens. »Der Ort der mystischen Erfahrung des Kindes wird zum Lebensmittelpunkt des Dichters für ein halbes Jahrhundert«, schrieb der Übersetzer Hubert Seelow in seinem Nachwort zum Erzählband *Mein heiliger Stein*.

Laxness schrieb die Titelgeschichte im Alter von 19 Jahren, während ihn intensiv die Frage nach dem Sinn des Lebens beschäftigte, die ihn einige Jahre später in ein katholisches Kloster führte. Wieder einmal erlebt ein Junge so etwas wie die Offenbarung einer anderen Welt; viele Jahre später bestätigt Laxness in seinen Memoiren, daß er selbst eben dieses Erlebnis hatte. »Die Siebenmeistergeschichte« (Sjömeistarasagan, 1978), die zweifellos viel nüchterner als die Jugenderzählung *Mein heiliger Stein* geschrieben ist, beginnt mit den Worten: »Am Ostermorgen, als ich sieben Jahre war, älter werde ich kaum gewesen sein, hatte ich eine Vision vor unserem Haus. Es war zu Hause in Laxnes. Ich war in dem Alter, in dem man biblische Geschichten liest, und zweifellos war die Vision, die mir widerfuhr, von den Erscheinungen des Apostels Paulus geprägt.« Die Visionen verlaufen keineswegs alle gleich, und sie haben unterschiedliche Bedeutung, aber ihnen ist gemeinsam, daß sie einem etwa siebenjährigen Jungen widerfahren und sein Leben nachhaltig verändern. Halldór Laxness sagte an anderer Stelle, er habe mit sieben Jahren zu schreiben begonnen und fortan nicht mehr damit aufgehört; hier besteht ohne Zweifel ein Zusammenhang.

Um jedem Mißverständnis vorzubeugen: Ich glaube nicht, daß Halldór Laxness Schriftsteller wurde, weil er als Siebenjähriger eine Christuserscheinung hatte. Die Vision ist eher symbolisch zu verstehen, in ihr spiegelt sich eine Haltung, die immer wieder in Laxness' Kunstverständnis zu finden ist, selbst in den Jahren, in denen er entschlossen als Streiter für eine bessere Gesellschaft auftritt; ein Anhänger des »l'art pour l'art« ist er nie gewesen. Es ist die Idee, daß Kunst ein Versuch ist, die Offenbarung einer besseren Welt einzufangen, einer Welt unbedingter Schönheit, die »über jede Forderung erhaben« ist, wie es in *Weltlicht* heißt, und daß es den Künstlern im besten Fall gelingen mag, eine Ahnung von dieser Welt zu vermitteln. Diese Ahnung ist es, die zu einer Antriebsfeder seines künstlerischen Schaffens wird.

Halldór Laxness liebte eine Kunst mehr als alle anderen: die Musik. Immer wieder kommt in seinen Werken zur Sprache, daß kein Bemühen edler sei als das Bestreben, »für die Welt zu singen«, daß der Gesang der Vögel die schönste Musik der Welt sei, gerade weil er ohne Worte auskomme. Daß er der Musik diesen Ehrenplatz einräumt, unterstreicht den genannten Aspekt seines Kunstverständnisses. Als weiteren Beleg möchte ich ein Beispiel aus einer ganz anderen Zeit anführen: 1937 befindet sich Laxness auf einer Reise durch die Sowjetunion, wo er auch die Moskauer Prozesse mitverfolgt und sie anschließend in einem Buch aus orthodox sowjetischer Sicht beschreibt. Am Sylvesterabend 1937/38 erblickt er in Gori im Kaukasus einen jungen Knaben an einer Bushaltestelle; er schreibt in sein Notizheft: »Der Junge an der Haltestelle, seine vollkommene Schönheit, obwohl er in Lumpen gekleidet war. Wie ich plötzlich die Novelle Thomas Manns, Der Tod in Venedig, verstand. Die Faszination der Schönheit selbst, ohne jedes sexuelle Begehren, nur das Verlangen, etwas für das Schöne zu tun, sein Leben für das Schöne einzusetzen. Die Schönheit steht über allem.«

Diese Schönheit hat sich Laxness offenbart, als er ein kleiner Junge war, und ihn von da an nicht mehr losgelassen. Wie sehr auch seine Radikalität, sein ausgeprägtes gesellschaftskritisches Bewußtsein und sein tiefes Verständnis für das Leben der einfachen Menschen sein Werk bestimmt haben – diese Ahnung von einer anderen Welt bleibt der Funke, der seine Kreativität entzündete.

»Von Leuten, die es wissen müssen«, schrieb Laxness in seinem autobiographischen Roman *Auf der Hauswiese (Í túninu heima*, 1975), »habe ich erfahren, ich sei nicht im Holzhaus auf dem Grundstück bei Laugavegur 32 geboren, wo mich das Mädchen aus dem Fenster fallen ließ, sondern im Steinhaus dicht an der Straße, wo die Katze in die Wiege sprang und ihre Krallen in das Gesicht des Kindes grub, wofür diese Katze mit dem Tode bestraft wurde.«

Der Laugavegur war und ist die Hauptstraße von Reykjavík, dort wurde Halldór Laxness am 23. April 1902 geboren. Seine Eltern, Sigridur Halldórsdottir (1872–1951) und Gudjon Helgi Helgason (1870–1919), entstammten bäuerlichen Verhältnissen. Der Vater wurde als sogenanntes Gemeindekind aufgezogen und arbeitete später unter anderem beim Straßenbau, während Halldórs Kindheit war er Vorarbeiter. 1905 übersiedelte die Familie von Reykjavík auf den Hof Laxnes in Mosfellssveit in der Nähe der Stadt, dort betrieben seine Eltern nebenher Landwirtschaft. 1929 beschreibt Laxness seine Eltern in einem Brief folgendermaßen: »Meine Eltern hatten ein gutes Verhältnis zueinander. Mein Vater war ein ruhiger und sehr beliebter Mann und hatte eine besondere Art, sich die Achtung seiner Mitmenschen zu erwerben. Er nahm schon bald, nachdem er nach Laxnes gezogen war, aktiv an der Arbeit in der Gemeinde teil. Meine Mutter war eine äußerst temperamentvolle Frau, besonders in jungen Jahren. Wir hatten oft eine Menge Knechte und Mägde auf unserem Hof, die stets gut miteinander auskamen.« (Hallberg: *Vefarinn mikli I*)

Halldór Laxness dürfte seinen Vater sehr verehrt haben. Gudjon Helgason war Autodidakt und ein Mensch mit vielen Talenten, der sich gute Englischkenntnisse aneignete und – das prägte sich dem Sohn besonders ein – Violine spielte. 1924 schrieb Halldór Laxness den kurzen autobiographischen Text *Heiman eg fór* (»Von daheim ging ich fort«), der erst 1952 in Island erschien. Darin findet sich die folgende Beschreibung: »Mein Vater spielte Violine. Er spielte jeden Tag, wenn er von der Arbeit nach Hause kam, und wenn der

Abend hereinbrach, saß er in der Dämmerung am Fenster in der Wohnstube und spielte. Ich sehe noch sein Gesicht vor mir, das sich im fahlen Licht des Mondes gegen das Fenster abzeichnete, während die Wolken im Westen Phantasiegestalten in den herbstlichen Himmel malten.«

Halldór Laxness fiel es gleichwohl nie leicht, über seine Eltern zu schreiben, auch nicht in den Memoiren, die in den Jahren 1975 bis 1980 entstanden. Es ist, als ob da irgendein Schmerz, irgendetwas Unausgesprochenes sei, an das zu rühren dem Autor schwerfiel. Das Kapitel über die Eltern in *Auf der Hauswiese* trägt die Überschrift »Das Ehepaar auf Laxnes«. Den Großteil des Kapitels füllt eine Beschreibung des Vaters; über seine Mutter äußert er sich nur in wenigen Worten: »Ich habe früher geschrieben, das Geheimnis dieser Frau habe ich nie ergründen können. Eines kann ich fest behaupten: Sie war mein ganzes Leben lang mein Schutzengel, solange ich sie auf dieser Welt hatte.« Da sein Vater bereits 1919 starb, war er auf die Unterstützung seiner Mutter angewiesen, und sie scheint sie ihm wo immer sie konnte gegeben zu haben. Über seine Werke unterhielten sie sich offenbar nie, obwohl er wußte, daß sie alles von ihm las. Vielleicht schrieb er auch über sich selbst, als er von seiner Mutter sagte: »Sie war gänzlich frei von Gefühlsseligkeit, wahrscheinlich weil sie ein sehr starkes Gefühl besaß.« Schon zu Beginn von *Auf der Hauswiese* formuliert er die Schwierigkeit, seine Mutter zu beschreiben, mit den Sätzen: »Im Grunde kannte ich diese Frau nie. Sie war nicht von dieser Welt. Aber ich habe sie mehr geliebt als andere Frauen.«

Auch wenn Laxness die Szenerie mit dem Violine spielenden Vater etwas stilisiert haben mag, so besteht doch kein Zweifel, daß er schon früh der Faszination der Musik erlegen war. In einem Fernsehinterview anläßlich seines achtzigsten Geburtstags erzählt er von einer seiner ersten Kindheitserinnerungen, wie er auf dem Boden der Stube lag, mit dem Ohr an der Orgel, die gespielt wurde. Diesem Jungen muß die Musik wie eine Zauberwelt von geheimnisvoller Schönheit erschienen sein. Dabei ist zu erwähnen, daß die klassische Musik damals noch keine lange Tradition in Island hatte und sich zumeist im althergebrachten Quintgesang und Psalmensingen erschöpfte. In den ersten Jahrzehnten des 19. Jahrhunderts gab es nur wenige Klaviere in Reykjavík und noch weniger Menschen, die auf ihnen spielen konnten. Das verbreitetste Musikinstrument in den Häusern derer, die sich eines leisten konnten, war eine kleine Tretorgel, auf der auch Halldór zu spielen lernte, zuerst zu Hause auf Laxnes und dann in Reykjavík. Dieses Motiv taucht später in dem Roman *Atomstation* auf: Die junge Ugla kommt nach Reykjavík, um Orgel spielen zu lernen. Laxness erlernte das Klavierspiel später noch besser, unter anderem bei Pall Isolfsson, einem der bekanntesten Musiker Islands, mit dem er sich eine Weile zur gleichen Zeit in Leipzig aufhielt. Er erfreute sich sein Leben lang daran, für sich selbst Klavier zu spielen, Johann Sebastian Bach war sein Lieblingskomponist.

Es gibt noch eine Frau in Laxness' Kindheit, die er geliebt hat und über die er viel und ohne Scheu schrieb: seine Großmutter mütterlicherseits, die im hohen Alter auf dem Hof seiner Eltern in Laxnes lebte. Sie war ein unversiegbarer Brunnen, aus dem man Erzählungen und Wissen aus lang vergangenen Zeiten schöpfen konnte. Halldór, der Erstgeborene, der um einiges älter war als seine Schwestern Helga und Sigridur, hatte als Kind oft bei dieser Frau gesessen; er schrieb in *Heiman eg fór:* »Ich höre nicht auf, bei jeder Gelegenheit zu erwähnen, und das mit edlem Stolz, daß ich zu Füßen des achtzehnten Jahrhunderts großgezogen worden bin. Meine Großmutter wurde in jener Hälfte des neunzehnten Jahrhunderts geboren, die ganz vom vorhergehenden Jahrhundert geprägt war, aufgewachsen unter Menschen, die zu jenem Teil des Volkes gehörten, der aus dem Fels der Vorzeit gemeißelt war.« Als Beispiel für die Haltung seiner Großmutter zur neuen Zeit schildert er den Einzug des Telefons ins Elternhaus: »Jetzt kam das Telefon zu uns und der Apparat wurde im Zimmer neben dem der alten Großmutter aufgestellt. Und obwohl ihr das Telefongeklingel für den Rest ihrer Jahre ständig in den Ohren schrillte, starb sie in der tiefen Überzeugung, daß das Telefon der reinste Humbug sei. Nachrichten, die aus dem Telefon kamen, waren nie einen Pfifferling wert.« Fünfzig Jahre später schrieb Laxness noch einmal in *Auf der Hauswiese* über die Großmutter und das Telefon: »Nie wollte sie diesen Apparat anschauen, den sie in ihrem Wortschatz als Höllenmaschine bezeichnete. ›Soso, ist das nicht bloß etwas aus dem Telefon‹, pflegte sie zu sagen, wenn irgendeine große Nachricht aufkam.«

Die Großmutter war das Band, das Laxness an die isländischen Geschichte knüpfte, wohin es ihn auch immer verschlug und wie auch immer er sich über das Bewußtsein und die Natur seiner Landsleute äußerte. Sie gebrauchte eine eigenartige, markige alte Sprache, kannte eine Unmenge von Geschichten und

Gedichten und war eine typische Vertreterin der älteren Generation, die sich klaglos in ein Leben voller Mühsal gefügt hatte und sich mit uralten Erzählungen bei Laune hielt. Es ist daher nicht verwunderlich, daß die Großmutter in vielen Laxness-Büchern eine Rolle spielt. Man findet gleich mehrfach die Szene, in der ein junger Mann von seiner Großmutter Abschied nimmt und in die Welt hinauszieht, zum Beispiel in *Sein eigener Herr,* als Nonni ins Ausland aufbricht. Bei der Gelegenheit holt seine Großmutter ein Abschiedsgeschenk unter ihrem Kopfkissen hervor:

»Und da waren es diese beiden Kleinodien, die einzigen Wertstücke, die sie besaß, das Kopftuch und der Ohrenschaber; sie wollte sie ihm zum Abschied schenken, ihm, der bei ihr an der Wand gelegen hatte, seit er in den Windeln lag; besser hatte sie es nicht.

›Oh, das ist eigentlich kein Präsent‹, sagte sie. ›Doch du kannst dieses Tuch an Festtagen, wenn das Wetter gut ist, um den Hals wickeln. Und der Ohrenschaber da, er soll so lange in der Familie gewesen sein.‹«

Es wird ein fast wortloser Abschied, bei dem Nonni von seiner Großmutter nur den Rat mit auf den Weg bekommt, nicht überheblich zu sein und kein Tier zu quälen, aber er weiß, sie wird von nun an – ohne den Ohrenschaber – kein Weihnachtsfest mehr feiern.

Diese Themen erscheinen wieder in *Das Fischkonzert,* mit der Großmutter als Verkörperung friedfertigen Lebens des isländischen Volkes und dem Jungen, der in die Welt hinausziehen muß mit der Vorstellung, »für die Welt zu singen«. Am Ende des Buches verabschiedet sich der Erzähler, Grimur, von seinen Großeltern, bei denen er aufgewachsen war:

»Ich umarmte meine Großmutter, die in ihrem langen Rock, mit dem schwarzen Umschlagtuch über Kopf und Schultern, am Ufer stand. Ich hatte diese Frau noch nie zuvor umarmt, denn Umarmungen waren bei uns nicht üblich. Ich wunderte mich, wie schlank und leicht sie war, und mir kam der Gedanke, ob ihre Knochen hohl sein könnten, wie die der Vögel. Diesen einen kurzen Bruchteil eines Augenblicks, den die Umarmung dauerte, hing sie wie ein welkes Blatt an mir.

Gott sei mit dir, lieber Grimur, sagte die Frau und fügte gleich darauf hinzu: Und wenn du irgendwo auf der Welt einmal eine alte Frau wie mich treffen solltest, dann lasse ich sie grüßen.«

Dieser Abschied des jungen Mannes vom alten Island, von seiner Jugend, wo die Ratschläge der Großmutter seine Mitgift sind, hat stark autobiographische Züge, wie später in *Auf der Hauswiese* deutlich wird. Dort schildert Laxness, wie er nach langer Zeit im Ausland seine Großmutter wiedersieht: »Als ich fünf Jahre zuvor das erste Mal ins Ausland gereist war, hatte sie mir einen Gruß anvertraut: ›Wenn du irgendwo draußen in der Welt ein altes Weib triffst, das so elend und schwach ist wie ich, dann grüße es von mir.‹

Jetzt sagte ich: ›Liebe Großmutter, erinnerst du dich an den Gruß, den du mir anvertrautest?‹

›Hast du ihn ausgerichtet?‹ sagte sie und lächelte schwach.

›Nein‹, sagte ich, ›aber ich habe bis heute davon gelebt.‹«

Die Eltern standen Laxness in vielem zu nah, als daß sie ihm Stoff für seine Erzählungen und Bücher hätten werden können. Seine Großmutter aber war ihm zugleich fern und nah genug, um in seine Geschichten Eingang zu finden, als Symbol für das beste aus dem Erbe des Volksguts, dem er sein Leben lang treu blieb. Die Erinnerung an die Großmutter begleitete ihn stets, als er ins Ausland ging, um »für die Welt zu singen«.

Halldór Laxness' Schulzeit und Lehrjahre waren bruchstückhaft und unorganisiert. Seine Eltern hatten der Bildung ihres Sohnes keineswegs im Wege gestanden, es fiel ihm einfach schwer, sich auf den Schulunterricht zu konzentrieren. Er durchlief die Grundschule in Mosfellssveit und erhielt dort etwas Orgelunterricht. Den Winter 1915/16 verbrachte er in Reykjavík und besuchte die Berufsschule, in der er verschiedene Fächer belegte, darunter Grafik, außerdem nahm er Klavierunterricht. Aber er lebte nur in der Welt der Bücher und allem, was mit ihnen zu tun hatte. Die Pflichtschulprüfung legte er 1918 als externer Schüler ab. Den folgenden Winter verbrachte er am Gymnasium von Reykjavík, das neben der neugegründeten Universität die angesehenste Bildungsstätte des Landes war. Wohl fühlte er sich dort allerdings nie, wie aus einem längerem Brief hervorgeht, in dem er später von seiner Schulzeit berichtet: »Ich nahm weder am schulischen noch am gesellschaftlichen Leben teil, hatte nicht das geringste Interesse an irgendetwas, litt in Wirklichkeit an Menschenphobie, konnte keinerlei Freude am Unterricht finden und wurde von seelischen Angstzuständen, Weltschmerz, Hypochondrie, Angina und Schlaflosigkeit halb zu Tode gequält, daß ich jeden Moment sterben oder verrückt werden zu müssen glaubte.« (Hallberg: *Vefarinn mikli I*) Nach diesem Winter war Laxness' Schulausbildung in Island beendet; er unternahm 1924 noch einmal einen Anlauf und versuchte als externer Schüler das Abitur abzulegen, scheiterte aber daran.

Laxness fehlte es nicht an Lernfähigkeit, doch seine Gedanken waren mit anderem beschäftigt: »Der Junge auf Laxnes sitzt zehn Stunden am Tag herum und kritzelt Aufsatzhefte voll«, beschrieb er in *Auf der Hauswiese* die Reaktion der Nachbarn. »Man kann ihn davon nicht abhalten. Er ist nicht wie andere Menschen. Das muß für die Eltern eine große Sorge sein. Die Gemeinde ist erschüttert.« Der Vater schrieb in einem Brief an seine Schwester: »...am liebsten sitzt er mit Büchern oder mit Papier und Bleistift drinnen im Haus.« (*Lífsmyndir skálds*, »Bilder aus dem Leben eines Dichters«) Dies entsprach keineswegs den Erwartungen auf einem isländischen Bauernhof in jener Zeit, wo jeder, der irgendwie konnte, zur Arbeit eingespannt wurde.

Laxness las alles, was er in die Hände bekam, zu Hause und in der Bibliothek, isländische und skandinavische Autoren – auch wenn die Auswahl an zeitgenössischer Literatur nicht eben groß war –, Kinderbücher und solche für Erwachsene. Er hatte in den Büchern und im Schreiben eine Welt gefunden, die ihm ganz allein gehörte und an der er anfangs nur wenige teilhaben ließ. In *Heiman eg fór* beschrieb er sich selbst so: »Es scheint, als ob ich mit einer starken Abneigung gegen schwere Arbeit geboren sei. Ich bin jetzt bald zweiundzwanzig Jahre alt und habe meiner Lebtag noch keinen ehrlichen Handgriff verrichtet, wie man auf dem Land sagt. Als kleines Kind zu Hause habe ich all meine Aufträge meist mit Widerwillen oder sogar mit Murren ausgeführt. (...) Es muß für meine Eltern schwer gewesen sein, mich zu verstehen, auch wenn sie es mit dem besten Willen versuchten. Meine Leselust deutet aber darauf hin, daß ich nicht in jeder Hinsicht ein gewöhnlicher Faulpelz war, denn sobald ich Gelegenheit dazu hatte, saß ich voll Fleiß von morgens bis abends über den Büchern und nahm nichts um mich herum wahr. Als es klar zu sein schien, daß ich mich nicht ›für die Arbeit auf dem Land entscheiden würde‹, hörte man auf, mir weiter körperliche Arbeiten aufzutragen, und ich erinnere mich stets mit Dankbarkeit daran, daß meine Eltern soviel Verständnis zeigten und mich nicht meine Kindheit in verachtenswerter Sklaverei verbringen ließen.«

Dieser Schreibdrang ist der Grund, warum Laxness in seinem Jahr in Reykjavík 1915/16 den Unterricht an der Berufsschule bald vernachlässigte. Zwar behauptete er, den Großteil seiner Schriften verbrannt zu haben, bevor er nach Reykjavík ging, doch er hört dort nicht mit dem Schreiben auf: Er verfaßt ein nach eigenen Angaben 600 Seiten starkes Romanmanuskript, das er *Afturelding* (»Morgendämmerung«) nennt und das gegen die Bücher von Torfhild Holm gerichtet war, der bekanntesten isländischen Schriftstellerin der Jahrhundertwende, die lange Unterhaltungsromane über geschichtliche Themen schrieb. Nach seiner Konfirmation scheint er das Interesse an diesem Werk verloren und es zur Seite gelegt zu haben, das Manuskript ist verschollen.

Im bereits erwähnten Brief von 1929 finden sich Hinweise darauf, daß Laxness in seinem Schreibdrang nicht die unbedingte Unterstützung seiner Eltern erhielt: »Eine der tiefsten Sorgen, die ich erleben mußte, war die, als meine Mutter einmal eine Menge meiner Papiere, Geschichten und Gedichte, mit denen ich mich, damals gut sieben Jahre alt, ständig beschäftigte, verbrannte. Danach hütete ich meine Schriften wie ein mörderisches Geheimnis.« (Hallberg: *Vefarinn mikli I*) Eine solch dramatische Beschreibung ist in keinem seiner späteren Erinnerungsbücher mehr zu finden, und ohne Zweifel war seine Mutter zu Beginn seiner schriftstellerischen Laufbahn eine seiner wichtigsten Stützen. Man kann die Notiz aber als Zeichen dafür nehmen, daß Laxness sehr früh eines der Hauptmerkmale der schriftstellerischen Arbeit begriff: Schreiben ist ein Beruf, den man allein verrichtet, der Isolation und Einsamkeit zur Folge hat. Dieser Aspekt wird später in *Weltlicht* zur Sprache gebracht; er unterstreicht erneut die Vorstellung, daß jenseits unserer Welt eine eigene Welt der Schönheit existiert, die sich den Menschen nur für kurze Momente öffnet, und dann allein.

Island war bis 1918 eine dänische Kolonie; die Zeit stand dort im Vergleich zu anderen Ländern Europas jahrhundertelang fast still. Von den großen Strömungen der Geschichte von der Renaissance bis zur Aufklärung wurde Island kaum gestreift, das Bewußtsein der Moderne kam erst spät dorthin. Wie denn auch: Dieses Bewußtsein ist unlösbar mit der Stadtkultur verknüpft, und die war in Island nicht vorhanden. Reykjavík, die Hauptstadt, die heute gut 120 000 Einwohner zählt, war im 19. Jahrhundert ein Dorf. »Einen ärmlicheren Flecken habe ich noch nie gesehen«, notierte ein amerikanischer

Maler und Schriftsteller, der 1865 Island besuchte, in sein Tagebuch. Jonas Hallgrimsson, der große Dichter der isländischen Romantik, schrieb seine schönsten Gedichte über Island in der ersten Hälfte des 19. Jahrhunderts in Kopenhagen, der Hauptstadt Dänemarks. Erst in der Ferne und durch die Begegnung mit einer ausländischen Metropole schulte sich sein poetischer Blick für die isländische Landschaft und Natur.

Die moderne Prosa kam noch später: 1850 erschien der erste moderne isländische Roman in Buchform, und dann dauerte es fast noch einmal ein Vierteljahrhundert, bis der zweite erschien. Der isländische Schriftsteller Gestur Palsson, der seinerzeit in Kopenhagen die Vorlesungen von Georg Brandes, dem wichtigen Wegbereiter des Naturalismus, besucht hatte, klagte denn auch in den achtziger Jahren des 19. Jahrhunderts über das Leben in Reykjavík: Dort sei abends nichts los, und die Menschen träfen sich höchstens bei Hochzeiten und Beerdigungen. Sagte es und emigrierte nach Kanada. Um die Jahrhundertwende schrieb sein Kollege Benedikt Gröndal, in Reykjavík seien keinerlei Grundlagen für das Wirken eines Schriftstellers gegeben, und er behauptete, daß dort kein Mensch schreibe, weil ohnehin niemand Ideen habe und die Leute nur dänische Romane läsen. Damals lebten rund 100 000 Menschen in Island, davon 6 000 in Reykjavík. Ein Anhänger des literarischen Naturalismus konnte von dessen Lieblingsfeindbildern in Island höchstens die bösen Pfarrer auftreiben.

Dies sei erwähnt, um deutlich zu machen, daß der langen literarischen Tradition zum Trotz die Beschäftigung mit Büchern und Schreiben in Laxness' Jugend keineswegs selbstverständlich war. Obwohl man viel las, war Reykjavík durchaus kein kulturelles Zentrum. Um die Jahrhundertwende wurden mehr isländische Bücher in Kopenhagen und Winnipeg veröffentlicht als in Reykjavík.

Seine ersten Texte veröffentlichte Laxness schon als sehr junger Mann. Als Vierzehnjähriger bereits publizierte er unter Pseudonym einen Gedichtzyklus in der Zeitung *Morgunblaðið* und später Kurzgeschichten in der Zeitschrift der Tierfreunde. Im selben Jahr publizierte er Artikel für Kinder und Erwachsene. So erschien 1916 als eine seiner ersten Veröffentlichungen unter eigenem Namen im *Morgunblaðið* ein Artikel über eine alte Uhr, die Laxness im Haus Melkot bei Reykjavík gesehen hatte; dort lebte die Schwester seiner Großmutter, und dort hatten seine Eltern eine Zeitlang gewohnt. Melkot sollte das Vorbild für Brekkukot im *Fischkonzert* werden, und die Uhr, die Laxness präzise beschreibt, wird darin zu einem Symbol für die Ewigkeit. Später gelangte sie in den Besitz des Dichters und ziert bis heute das Vorzimmer seines Hauses Gljufrasteinn. So findet der Beitrag »Alte Uhr« in dem Roman, den er ein Jahr nach der Verleihung des Literaturnobelpreises 1955 schrieb, einen späten Widerhall. Bis zur Veröffentlichung seines ersten Romans sollte es aber nicht mehr lange dauern.

Er ist ein gut 200 Seiten dickes gebundenes Buch in kleinem Format, sein Autor nennt sich Halldór von Laxnes. *Barn náttúrunnar, ástarsaga* (»Das Naturkind, Liebesgeschichte«) steht auf dem Titelblatt. Es gibt zudem Auskunft darüber, daß das Buch 1919 in Reykjavík »auf Kosten des Autors« erschienen war – in diesem Fall bedeutete es allerdings, daß sein Vater die Druckkosten ausgelegt hatte. Im Vorwort zur zweiten Auflage schrieb Laxness, er habe das Buch im Sommer 1918 im Alter von 16 Jahren geschrieben, »nach dem Geschmack eines frühentwickelten Jungen, der von den Porträts der größten Genies des vergangenen Jahrhunderts in Geschichtsbüchern und Lexika fasziniert war«.

Ein sechzehnjähriger Junge wird kaum ein literarisch eigenständiges Werk verfassen, sondern in die Fußstapfen jener Autoren treten, die er besonders verehrt. *Barn náttúrunnar* ist eine romantische Geschichte vom Land, sehr im Stil Knut Hamsuns geschrieben, jedoch ohne dessen Ironie und Stilgewandtheit. Sie erzählt vom jungen Bauernsohn Randver, der seinen Platz im Leben sucht, und vom wilden Naturkind Hulda. In ihr finden sich der Kampf zwischen Gefühl und Vernunft, die Gegensätze zwischen dem Genuß des Augenblicks und dem zielgerichteten Streben, zwischen der isländischen Natur und der ausländischen Kultur. Randver und Hulda finden am Ende zueinander, beginnen eine Landwirtschaft auf einem kleinen Hof, wenden sich vom raschen Genuß und fremdländischen Nichtigkeiten ab und finden »die Freude in der täglichen Arbeit«, wie es im Buch heißt – ein Gedanke, der in Laxness' Werk immer wieder eine Rolle spielen wird. Die Geschichte ist ordentlich erzählt, auch wenn der Stil keineswegs gewagt ist, die Metaphern nicht unbedingt originell sind und das Werk beinahe frei von Humor ist. Trotzdem liegt ein gewisser Charme über diesem Buch, und es wird in zwei

Kritiken positiv und fast mit prophetischem Unterton besprochen. In der Zeitung *Alpýðublaðið* hieß es, der Leser müsse »die Tüchtigkeit und den Mut des jungen Mannes bewundern, und ich glaube, wir können von ihm das beste erwarten, wenn er Alter und Weisheit erlangt«. Der Artikel endet mit den Worten: »Und wer weiß, vielleicht wird Halldór von Laxnes noch zum Wunschkind der Nation werden.« Ein Dichter namens Jakob Smari schrieb in der Literaturzeitschrift *Skírnir,* er habe »das Gefühl, daß er die isländische Literatur mit guter Dichtung bereichern wird, wenn es ihm Alter und Gesundheit vergönnen«.

Als das Buch im Herbst 1919 herauskam, war der junge Autor schon über alle Berge, hinausgezogen in die Welt, und hatte an der Tür des Zimmers, das er in Kopenhagen mietete, eine Visitenkarte angebracht:

HALLDÓR FRA LAXNESI

POËTA

Von Hamsun bis Hollywood

Lehr- und Wanderjahre 1919 bis 1929

Im Spätsommer 1919 fährt Halldór Laxness, 17 Jahre alt, nach Dänemark. Er macht einen sehr erwachsenen Eindruck mit Weste, Brille, Hut und einem Stock, den er später zu Recht »Arroganzstab« nennt. Obwohl Island kurz zuvor, am 1. Dezember 1918, die Souveränität erlangt hatte, reisen die meisten Isländer nach wie vor nach Kopenhagen, wenn sie »in die Welt hinausgehen« wollen. Dort gibt es eine ansehnliche Kolonie von isländischen Fischhändlern, Beamten, fleißigen und Bummelstudenten – sowie Intellektuellen und Schriftstellern. Unter ihnen jene zwei, die es, zumindest was Veröffentlichungen in Dänemark und Deutschland betraf, am weitesten gebracht hatten: Gunnar Gunnarsson, einer der damals meistgelesenen Romanautoren in Dänemark, und der Dramatiker Johann Sigurjonsson, dessen Stück *Fjalla Eyvindur (Berg Eyvind)* sogar verfilmt wurde. Beide Autoren schrieben auf Dänisch, dies schien für Isländer zu Beginn des 20. Jahrhunderts die einzige Möglichkeit, als Berufsschriftsteller zu leben – der heimische Buchmarkt war dazu einfach viel zu klein.

Kurz nach seiner Ankunft in Dänemark nahm Halldór Laxness mit einer Vielzahl von Isländern und Persönlichkeiten aus dem dänischen Kulturleben am Begräbnis von Johann Sigurjonsson teil. Laxness war von einigen seiner Werke begeistert, dennoch schrieb er später in seinen Memoiren: »Irgendwie hatten mich seine ›Siege‹ im Ausland kalt gelassen, mich nicht berührt. Nichts lag mir in diesem Moment ferner als der Plan oder die Absicht, in die Fußstapfen Johann Sigurjonssons als Autor in dänischer Sprache zu treten.« (*Úngur eg var,* »Jung war ich«)

Es kann sein, daß ihn hier sein Gedächtnis trügt. Soviel jedenfalls ist sicher, daß Halldór Laxness Poëta in dem Maße, wie seine Reisekasse abnahm, zu überlegen begann, wie er mit dem Schreiben Geld verdienen könne. Und so schickte er der größten dänischen Tageszeitung, *Berlingske Tidende,* eine Geschichte, die er *Den tusindaarige Islænding* nannte (sie erschien später unter dem

Titel *Heidbaes* auf Deutsch in dem Band *Mein heiliger Stein*). Und siehe da: Am 19. Oktober druckte die *Berlingske Tidende* die Geschichte mit einer Illustration auf der Titelseite der Sonntagsausgabe ab. Ein isländischer Kritiker, der damals in Kopenhagen lebte, berichtete später, daß die isländische Kolonie wie vom Blitz getroffen war und erbleichte angesichts dieses blutjungen Mannes, dem als völlig Unbekanntem gelungen war, wovon andere nur träumten.

Liest man die Erzählung heute, so mag der Eindruck entstehen, sie sei aus demselben Stoff, aus dem später Tourismuswerbung entstand: hier der Held, der Landarbeiter Helgi mit seinen Wurzeln in einer heroischen isländischen Vergangenheit, dort der geckenhafte Bildungsmensch Heidbaes, zwischen ihnen das Mädchen auf dem Hof – und im Hintergrund nichts Geringeres als ein ausbrechender Vulkan. Dieser Vulkan wird zum Gegenstand einer Männlichkeitsprobe, an der der ängstliche Intellektuelle natürlich scheitert. Das ist derselbe Grundgedanke wie in *Barn náttúrunnar,* und es ist bemerkenswert, wie lange diese Konstellation im Werk von Halldór Laxness – in verschiedenen Varianten und später gedanklich raffinierter und vielschichtiger ausgearbeitet – Bestand haben sollte: der verfeinerte Intellektuelle, der im Ausland gelebt hat und sich meist durch einen schwachen Charakter auszeichnet, das isländische Mädchen, naturverbunden und willensstark, und – diesen Part läßt Laxness allerdings in vielen Romanen fort – der intellektuell beschränkte, aber moralisch starke Dritte. Die ersten beiden sind in *Der große Weber von Kaschmir* und *Salka Valka* zu finden, alle drei treten in *Atomstation* und unter neuen Vorzeichen in *Am Gletscher* auf. So früh bereits begannen sich die Themen von Halldór Laxness' schriftstellerischer Arbeit auszuprägen.

Das läßt sich an einer weiteren Geschichte belegen, die Laxness im Februar 1920 in der *Berlingske Tidende* veröffentlichte: *Die Geschichte von den Leuten in Kalfakot* (die später in den Band *Mein heiliger Stein* aufgenommen wurde). Die Beschreibung der drückenden Armut dieser Familie erinnert an das, was später in *Sein eigener Herr* zu lesen ist, auch wenn dem Autor hier noch einiges an Kunstfertigkeit fehlt: »In Kalfakot gab es keine anderen Nahrungsmittel als das, was die im Herbst kalbende Kuh und die wenigen Milchschafe gaben, und ein bißchen gesalzenen Seehasen und Brei, doch es waren viele Münder zu stopfen, und die Kinder klagten unablässig über Hunger.« Das Bild von der kinderreichen Bauernfamilie und ihrer Not hat ihn nie losgelassen, später schilderte Laxness sein drittes Lebensjahrzehnt als eine Phase endlosen Ringens mit dem Bauern Thord in Kalfakot, bis er sich mit *Sein eigener Herr* endlich freischrieb. Damals begann auch seine Auseinandersetzung mit dem norwegischen Dichterfürsten Knut Hamsun, dessen Idealisierung des Lebens auf dem Lande ihm, bald nach seinen eigenen unkritischen Anfängen in »Ein Naturkind«, zunehmend auf die Nerven ging. Schon mit neunzehn Jahren schrieb er eine Rezension von Hamsuns *Die Weiber am Brunnen* für eine isländische Zeitung, in der er Hamsun wegen seiner »menschenfeindlichen Haltung« kritisierte. Hamsun war damals einer der erfolgreichsten Romanciers Europas, nicht zuletzt wegen seines Buchs *Segen der Erde* (1917). Aber in Laxness reifte bereits die Idee, ein Buch gegen Hamsuns Roman zu schreiben, das die Wahrheit über das Leben auf dem Lande im Norden beschreiben sollte.

Den Winter 1919/20 in Dänemark verbringt Halldór Laxness mit Lesen und Schreiben. Im Herbst 1919 fährt er für einige Zeit ins schwedische Helsingborg und liest August Strindberg. Der schwedische Schriftsteller übte großen Einfluß auf Laxness' Jugendwerk aus, nicht zuletzt, wie später gezeigt wird, auf seinen revolutionären Roman *Der große Weber von Kaschmir*. Zeitgenössische Quellen vermitteln ein merkwürdig durchwachsenes Bild von Laxness' Persönlichkeit in diesen Jahren: Einerseits war er voller Überheblichkeit gegenüber seinen Landsleuten und anderen Schriftstellern, auf der anderen Seite war er geplagt von dem großen Minderwertigkeitsgefühl eines jungen Autors, der sein Können erst noch unter Beweis stellen muß. Er war fast wie ein Dandy gekleidet, lebte viel zu aufwendig für sein Alter und reiste zugleich mittellos durch die Welt; als er Helsingborg verließ, mußten Freunde Geld für eine Rückfahrkarte nach Kopenhagen zusammenlegen.

Es gab eine Kluft zwischen seinen schriftstellerischen Ergebnissen und seinem Selbstwertgefühl, genau wie zwischen seinen beruflichen Erfolgen und dem Bild, das er der Außenwelt von sich vermittelte. Nur eines versagte nie: seine Arbeitsdisziplin, die er sich sein Leben lang erhielt. Er schrieb jeden Tag, hielt sich mit Alkohol und Vergnügungen zurück, obwohl er viel Freude am Disputieren hatte, und teilte sich die Zeit gut ein. Es war sein erklärtes Ziel, Schriftsteller zu werden, auch wenn die »Sinnsuche«, mit der er wie so viele junge Menschen in Europa nach dem ersten Weltkrieg beschäftigt war, eine Zeitlang seine schriftstellerische Entwicklung überlagerte.

Im Frühjahr 1920 verbringt Halldór Laxness einige Zeit auf einem Gutshof auf Seeland in Dänemark in jenem Überfluß, den er später immer mit Dänemark verbindet. Danach reist er nach Schweden und Norwegen und im Sommer schließlich zurück nach Island. In einem Brief aus dem Jahr 1929 schrieb er: »Zu Hause ging das Bohemeleben weiter, von dem ich im Ausland einen Vorgeschmack erhalten hatte. Ich saß abwechselnd in den Cafés in Reykjavík oder machte mit Bekannten Ausritte aufs Land, schrieb zwar immer etwas, aber hatte keinerlei ›Pläne‹ für mein Leben, gerade so als ob ich unsterblich wäre.« (Hallberg: *Vefarinn mikli I*)

Er ließ sich von seinen Eingebungen leiten; eine führte dazu, daß er im November 1920 eine Stellung als Hauslehrer auf einem Hof in Hornarfjördur, einer abgelegenen Gegend in Südostisland, annahm und dort bis zum Frühjahr blieb. Den Unterricht betrieb er nicht mit allzu großem Ernst, aus seinen Briefen geht hervor, daß er sich manchmal langweilte. Er entwarf dort das Konzept für einen Roman namens *Salt jarðar* (»Salz der Erde«), in dem er das Motiv des Bauern in Kalfakot weiter ausarbeitete; das Manuskript ist verschollen.

Den folgenden Sommer verbringt er zu Hause auf dem Hof Laxnes, bevor er im Herbst 1921 zu seiner zweiten Auslandsreise aufbricht. Was von seinen Schriften aus dieser Zeit erhalten ist, wurde 1923 in der Novellensammlung *Einige Erzählungen (Nokkrar sögur)* herausgegeben, die im Frühjahr zuvor in der Tageszeitung *Morgunblaðið* erschienen war. Drei von ihnen waren zunächst auf Dänisch geschrieben, die anderen auf Isländisch. Einige wurden später in die Sammlung *Mein heiliger Stein* aufgenommen. Im Vorwort zur zweiten Auflage von *Nokkrar sögur*, die innerhalb einer Sammelausgabe im Jahr 1946 erschien, schreibt Laxness über seine erste Sammlung: »Ich habe mich nicht dem Wunsch meines Verlegers widersetzen wollen, der die Erzählungen nachdrucken möchte, obwohl ich mir darüber im klaren bin, daß sie eher als psychologische Dokumente denn als Literatur zu werten sind. Wenn ich sie jetzt lese, wundere ich mich, mit wie wenig ich meinen Weg begonnen habe. Wahrscheinlich gab es kaum einen Jungen meines Alters im Land, der das nicht genauso gut oder besser hätte schreiben können. Wenn ich an meine Arbeitsmethode zu dieser Zeit zurückdenke, wundere ich mich jedoch vor allem darüber, daß das Ergebnis nicht noch schlechter ausfiel. Damals hatte man keine Ahnung von literarischen Arbeitsmethoden. (…) Eines der Dinge, die man damals noch nicht gelernt hatte, war die Kunst des Ausstreichens. Das meiste von dem, was man schrieb, war in Wirklichkeit eine Art von ›unwillkürlicher Schrift‹, und es war immer vom Glück und Zufall abhängig, ob irgendwo die Spur eines Gedankens zu erkennen war.« (*Mein heiliger Stein,* Nachwort)

Es war jungen isländischen Autoren später gelegentlich ein Trost, daß ihr alles überragender Landsmann Laxness keineswegs als Frühvollendeter begonnen hatte. Es macht wenig Sinn, die Anteile von Talent, Willen und Fleiß im Schaffen eines Künstlers vorzurechnen, aber unbestreitbar ist, daß der junge Laxness von einem unbändigen Artikulationsdrang besessen und sein Schreiben von einem Arbeitseifer und einer Selbstdisziplin geprägt war, die er so nicht in allen Lebensbereichen aufbrachte.

In der ersten Hälfte des 20. Jahrhunderts ist eine Reise nach Skandinavien für einen jungen Isländer aber nur der halbe Weg »in die Welt hinaus«. Im Herbst 1921 reist Laxness durch Europa. Er verbringt den Winter vor allem in Deutschland und Österreich, besucht Berlin, Dresden, Leipzig, Innsbruck und Tirol, hält sich aber nicht lange an einem Ort auf. Zu dieser Zeit leben viele isländische Studenten in Deutschland, nicht zuletzt wegen des günstigen Wechselkurses. Wie so viele, die in den Jahren nach dem ersten Weltkrieg nach Deutschland kamen, ist Laxness über die Zustände dort entsetzt, über das Elend, über den Anblick von hungernden Kindern, bettelnden Kriegsinvaliden und Prostituierten. Aber er ist auch begeistert, besonders von Berlin; im Frühjahr 1922 schreibt er an einen Freund: »Einmalig, wie elegant Berlin sein kann, und das reinste Vergnügen, wie teuflisch gemütlich die Welt ist auf der Seite, die nach oben zeigt. Ich denke dabei an die schönen, herausgeputzten Frauen und die gut gekämmten, maniküren Diplomatentypen und muß noch einmal sagen: teuflisch gemütlich – – – « (Hallberg: *Vefarinn mikli I*) Im April 1922 beschließt er, nach Amerika zu fahren, und besteigt einen Dampfer nach New York. Er gelangt aber, wie aus den Listen zu ersehen ist, nur bis Ellis Island, das Nadelöhr für alle Einreisenden. Er hatte weder Geld noch einen anständigen Grund, Amerika zu betreten, auch niemanden, der für ihn gebürgt hätte, deshalb wurde er wieder nach Deutschland zurückgeschickt.

Halldór Laxness beschäftigt sich mit der Literatur des Fin de siècle, ganz im Geiste jener Werke Strindbergs, von denen er in Schweden so begeistert war, wie *Inferno*. Und es ist nicht verwunderlich, daß er sich in *Geschlecht und Charakter* vertieft, Otto Weiningers frauenverachtendes Buch, das im ersten Jahrzehnt des 20. Jahrhunderts für einige Zeit Furore machte. Er las Nietzsche und Freud; das sind sicher nicht die Autoren, die für gewöhnlich mit Laxness in Verbindung gebracht werden, und doch übten sie großen Einfluß auf seine Entwicklung aus. Auch wenn Laxness später die Theorien Freuds energisch ablehnte, etwa in seiner Lebensbilanz *Zeit zu schreiben* (*Skáldatími*, 1963), so gestand er doch: »Trotzdem war ich diesen Lehren lange Zeit zugeneigt.« (*Grikklandsárið*, 1980, »Das Griechenlandjahr«)

Im Winter 1921/22 drängt es Laxness, seine Seelenlage aufzuzeichnen, seine Verzweiflung zu artikulieren, seine Suche nach Lebensinhalten festzuhalten. Er schreibt ein Manuskript, das er *Rauða kverið* (»Das rote Heft«) nennt. Es ist bis heute unveröffentlicht; Teile von ihm sind verschollen, den Rest bewahrt die Isländische Nationalbibliothek auf. Hier findet man die ersten Entwürfe des Buchs, das erst 1952 unter dem Titel *Heiman eg fór* erschien, »Von daheim ging ich fort«, Untertitel: »Selbstbildnis eines Jünglings«. Mit ihm wurde der Weg in Richtung *Der große Weber von Kaschmir* eingeschlagen, dem Roman, mit dem Laxness zum ersten Mal als ernstzunehmender Autor der isländischen und der europäischen Literatur in Erscheinung tritt.

In »Das rote Heft« sind die Einflüsse Strindbergs viel deutlicher zu erkennen als in den Erzählungen: Der Erzähler ist ein 19jähriger Gymnasiast aus Reykjavík, der schwer geplagt wird von Melancholie und Depression: »Ich rufe das Wort *Gott*; das bedeutet aus meinem Munde *Hilfe!*«, kann man dort lesen. Reykjavík wird als große Stadt beschrieben, in die hinein Laxness kulturelle Zirkel erdichtet, in denen ständig über Werke von Georg Brandes und Friedrich Nietzsche diskutiert wird – auffällig, da es sich um Themen vergangener Jahrzehnte handelt, die nach dem Krieg in Europa nicht mehr sehr aktuell waren. Der Erzähler bekommt bald genug von all den halbgebildeten Menschen und sucht Trost bei der älteren Frau R., die für ihn musiziert. »In ihrem Lächeln erscheint das *ewig Weibliche*, die Mutter, Geliebte, Gottesmutter«, heißt es im Manuskript. Der Goethesche Begriff vom »ewig Weiblichen« taucht von da an immer wieder in den Werken von Halldór Laxness auf und

Halldór Gudjónsson 1905 im Alter von drei Jahren, ungefähr zu der Zeit, als die Familie aus Reykjavík zum Hof Laxnes im Mosfells Tal umzog.

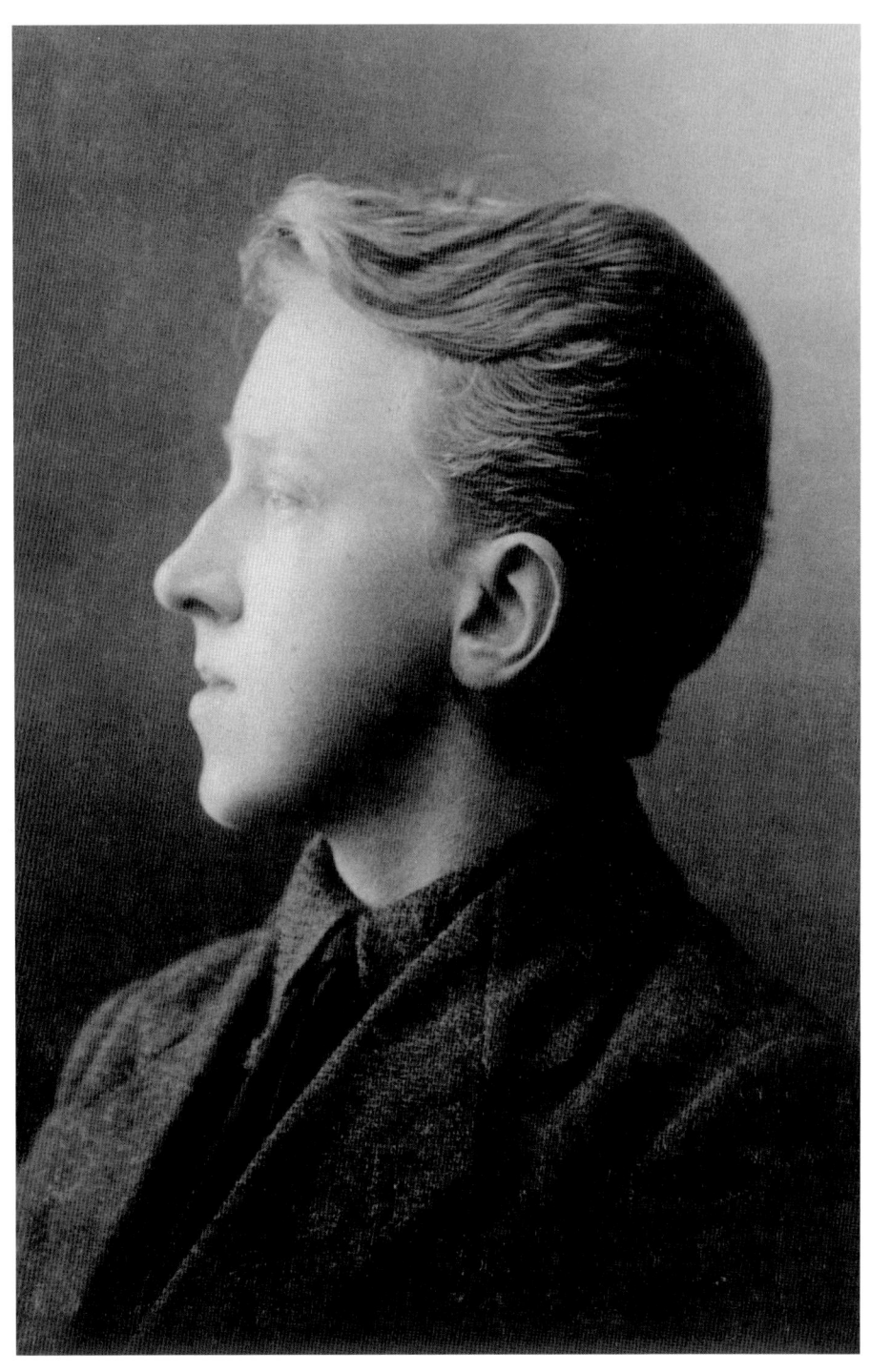

Halldór Gudjonsson mit dreizehn Jahren –
kurz davor, seine ersten Zeitungsartikel zu veröffentlichen.

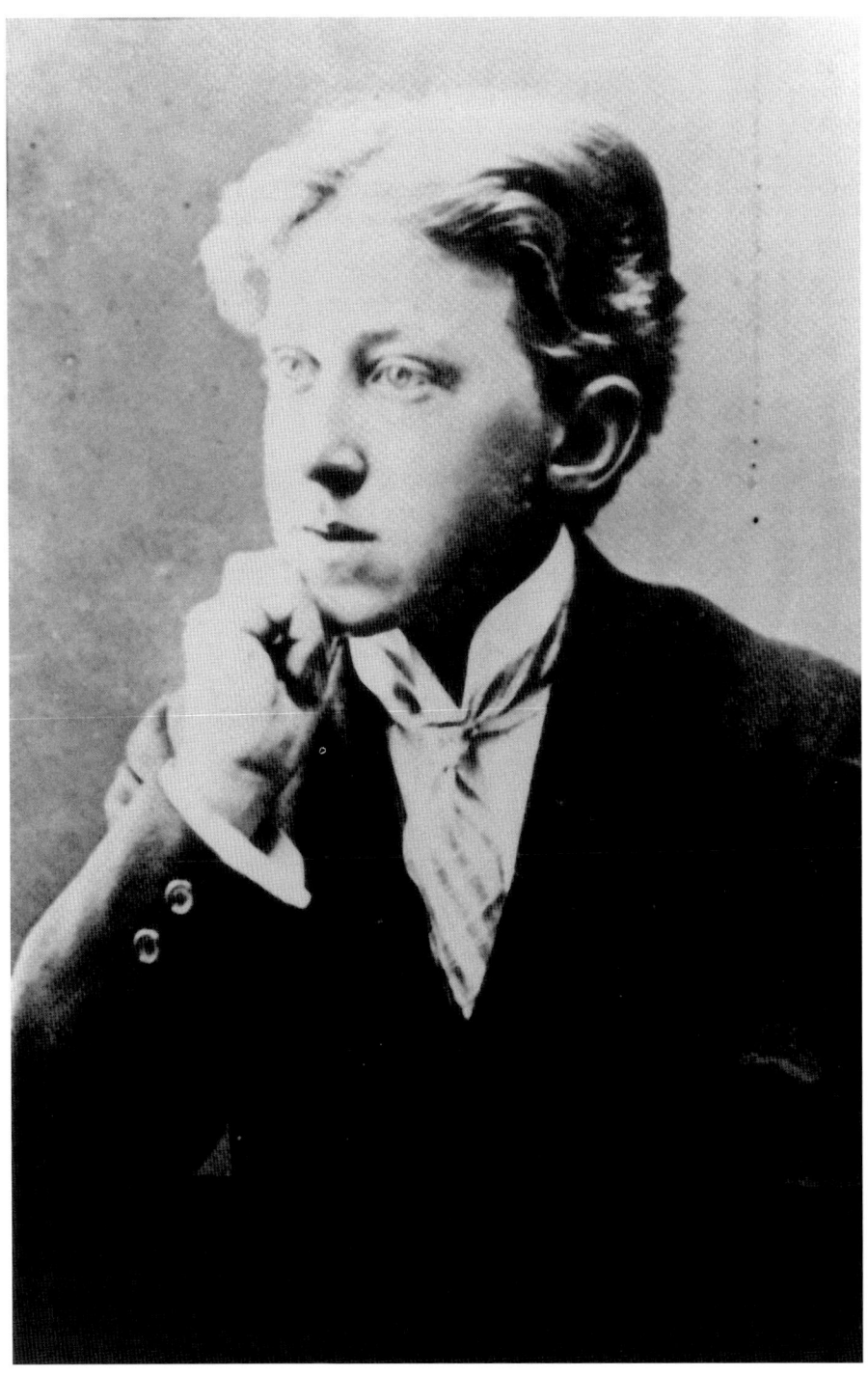
Halldór Gudjonssons Konfirmationsbild aus dem Jahr 1915

Hier zückt der junge Laxness bereits die Füllfeder.

Die erste Auslandsreise und schon Meister der Verkleidung:
mit Stock, Hut und Zigarre im Alter von siebzehn, Herbst 1919, in Kopenhagen.
Sein erstes Buch erschien gerade in Island und eine Kurzgeschichte auf Dänisch
in der Sonntagsausgabe der Zeitung *Berlingske Tidende*.

Bei seiner zweiten Auslandsreise ließ Halldór Laxness sich professionell fotografieren – 1921 in Innsbruck, wo er Weihnachten verbrachte.

Im Winter 1921/22 war Halldór unterwegs in Deutschland und Österreich und ließ sich auch in Leipzig professionell fotografieren: zusammen mit seinem Freund, dem Dichter und Übersetzer Johann Jonsson, der in Leipzig wohnte und dort, nur zehn Jahre später, an Tuberkulose starb.

Ein neues Kostüm: der junge Heilige, den Blick zum Himmel gewandt. Laxness im Kloster Clervaux in Luxemburg, wo er sich am 6. Januar 1923 katholisch taufen ließ.

Schon wieder ein neuer Look: unter Palmen, ganz der Dandy,
Halldór Laxness 1928 in Los Angeles – er wollte zum Film.

Vom Heiligen zum Dandy zum politischen Agitator: Laxness hält eine Rede am 1. Mai 1937 und propagiert die Einheitsfront im Sinne der Kommunistischen Partei Islands. Am selben Tag veröffentlichte er in der Zeitschrift der jungen Kommunisten das Gedicht »Der Maistern«, das er später im Roman *Weltlicht* verwendete.

Der Familienvater auf Island:
Laxness, 1934, mit seinem Sohn Einar, der später ein bekannter Historiker wurde.

Sein bester Freund und seine erste Frau: Erlendur Gudmundsson, dem der Roman *Atomstation* gewidmet ist, und Ingibjörg Einarsdottir 1936 in Island

Ein Portrait aus dem Jahr 1939, das sein isländischer Verlag auch für Anzeigen gebrauchte; schon ein bekannter Autor mit ernstem Blick ...

1942, Halldór wird vierzig und läßt sich von Islands berühmtestem Fotografen, Jon Kaldal, ablichten.

1945 ging ein alter Traum von Laxness in Erfüllung: Er ließ sich ein Haus bei Gljufrasteinn, ganz in der Nähe des Hofes Laxnes, bauen. Audur, seine zweite Frau, kümmerte sich um den Bau, während er die Arbeit an *Islandglocke* zu Ende brachte. Zu Weihnachten heirateten sie und bezogen das neue Haus.

Schreibend auf Gljufrasteinn, 1946

Endlich konnte man wieder reisen! 1948 besuchten Laxness und Audur – sie war damals dreißig – sechs Länder in Europa.

Kein Roman hat Laxness so viel Zeit und Arbeit gekostet wie *Die glücklichen Krieger (Gerpla)*. Er mußte Schauplätze in vielen Ländern besuchen, die Geschichte der isländischen Sprache studieren und viele Quellen sichten. Hier bei der Arbeit, 1951.

Laxness in der Nähe seines Hauses, Gljufrasteinn, in den frühen fünfziger Jahren

Zur selben Zeit mit seinem Hund Snati. Während des halben Jahrhunderts, in dem Laxness auf Gljufrasteinn wohnte, hatte er fast immer einen Hund und ging täglich um die Mittagszeit spazieren.

Ein würdevolles Portrait, wahrscheinlich zum fünfzigsten Geburtstag, 1952, wieder von Jon Kaldal aufgenommen.

Laxness mit dem finnischen Autor Mika Valtari in Helsinki 1953

In den frühen fünfziger Jahren fanden viele Konzerte auf Gljufrasteinn statt, mit bis zu achtzig Gästen. Sie kamen nicht zuletzt durch Laxness' Verbindungen zu sowjetischen Künstlern zustande. Das Photo aus dem Jahr 1953 zeigt Laxness links, den armenischen Sänger Pavel Lisitisian in der Mitte. Neben ihm die Pianistin Tatjana Nikolajewa, dann Audur und vorne rechts Laxness' Schriftstellerkollege Thorbergur Thordarson.

Im Jahr darauf war der Cellist Mistislaw Rostropowitsch zu Besuch auf Gljufrasteinn.

Besuch in Moskau 1954, neben ihm Valentina Morozowa, die Russisch-Übersetzerin seiner Werke. Endlich erschienen seine ersten Bücher in der Sowjetunion – nach Stalins Tod, dessen Politik er so eifrig verteidigt hatte.

Auf diesem Photo von der Moskauer Reise sieht man den Autor und Freund von Laxness, Boris Polevoj, rechts, sitzend.

Mit seinem Freund, dem Bildhauer Gudmundur Einarsson, in den frühen fünfziger Jahren (li.)
Laxness in Göteborg mit seinem Übersetzer und Biographen Peter Hallberg (re.)

spielt zum Beispiel in *Am Gletscher* fünfzig Jahre später eine wichtige Rolle. Danach folgen die Beschreibung der Seelenqualen des Erzählers, die stark an die Qualen aus Strindbergs *Inferno* erinnern, und Äußerungen, die ganz im Geiste Weiningers stehen. Er wendet sich gegen die modernen Zeiten, »in denen die Frau immer mehr dem Mann und der Mann immer mehr der Frau gleicht; bevor man sich versieht, ist alles voll von Monstern.« Frau R. stirbt, und der Erzähler reist in das in Ruinen liegende Europa der Nachkriegszeit. Hier endet das Manuskript und läßt den Erzähler in der Hoffnung auf eine bessere seelische Ausgeglichenheit zurück.

»Das rote Heft« ist sicher in jeder Hinsicht unvollkommen, aber es ist ein interessanter Vorbote dessen, was folgen sollte – nicht zuletzt, weil es sich so sehr von aller anderen isländischen Prosa dieser Zeit abhebt. Halldór Laxness hat begonnen, seine eigene Sprache zu finden.

Im Sommer 1922 ist Laxness wieder in Dänemark, erst auf Bornholm und später auf Fünen. Aus Briefen an seine Freunde geht hervor, daß er sich zunehmend mit dem Katholizismus beschäftigt. Es überrascht nicht, daß seine erste Begegnung mit ihm literarischer Art ist. Ein Freund leiht ihm eine englische Ausgabe des Buchs *De Imitatione Christi (Nachfolge Christi)* von Thomas a Kempis, eines der grundlegenden Werke des katholischen Glaubens, das sofort großen Einfluß auf Laxness ausübt. In einem Brief vom März 1922 an diesen Freund kann man lesen: »Eine große Wonne war es für mich, mit Thomas a Kempis Bekanntschaft zu machen. Seit Tagen beschäftigt mich nichts so sehr wie der Begriff, den er humility [Demut] nennt, und damit du verstehst, was er damit ungefähr meint, zitiere ich: If there be any good in thee, believe that there is much more in others, that so thou mayest conserve humility in thee. – Das ist ein fantastischer Gedanke. Das ist mehr als der Gedanke, das Verruchte zu ignorieren, es ist ein Schritt in die Richtung des Gedankens, den Teufel zu lieben, dem höchsten aller Gedanken, you see.« (Hallberg, *Vefarinn mikli I*)

Später im Kloster hat Laxness seine Lateinkenntnisse verbessert, und er hatte seither das Buch von Thomas a Kempis ständig im Original zur Hand. Sogar in der Essaysammlung *Alþýðubókin (Das Volksbuch)* von 1929, in der Laxness in der Verleugnung jeden Glaubens so weit geht wie in keinem anderen

Buch, vergleicht er *De Imitatione Christi* mit einem Palast mit vielen Sälen. Und als der Autor dieser Zeilen den Dichter im Jahre 1983 besuchte, lag es als einziges Buch auf dessen Schreibpult.

Der Grund für die Faszination durch dieses Buch lag sicher in der Bescheidenheit, der Selbstvergessenheit, die Laxness in diesen Jahren als Alternative zu der Selbstverherrlichung und dem Größenwahn vor Augen hatte, die er aus den Werken Strindbergs, Nietzsches oder Weiningers las. Der Glaube an Christus war ein Markstein auf dem Weg zu einer Wahrheit, die größer als der Mensch war, und dieser Weg lockte Laxness immer stärker, je weiter er sich in die Kulturkrise des Westens vertiefte. Im Sommer 1922 schreibt er an seinen Freund in Bornholm über diese Suche: »Nur für den Bruchteil von Augenblicken fühle ich das Unaussprechliche sich nähern, und genau das ist es, wonach ich am meisten suche. Mein Geist hat gerufen und geschrien; es ist diese Nähe, die ich mich ständig zu verspüren sehne, denn ohne das Bewußtsein einer solchen Gottesnähe kann der Mensch gewiß niemals etwas Nützliches für die Welt leisten noch die größere Wahrheit erkennen.« (Hallberg: *Vefarinn mikli I*)

Die meisten Bewohner Islands gehörten und gehören der evangelischen Kirche an, aber Laxness' Weg führte in den Katholizismus. Der Protestantismus war ihm stets als ein halbherziger Glaube erschienen und als Symbol des dänischen Ausbeutungskolonialismus – in seinen Essays spricht Laxness all die Jahre hindurch in beinahe verächtlichem Ton über ihn. Es ist die Zeit, in der er von sich selbst Konsequenz fordert, keine halben Sachen macht, und bald bewirbt er sich um einen Platz im Kloster – als Gast, wohlbemerkt. Er schreibt an den dänischen Schriftsteller und Katholiken Johannes Jörgensen, der sich zu der Zeit in Assisi aufhält und dessen Buch *Mit Livs Legende* (»Legende meines Lebens«) damals eines der bekanntesten Zeugnisse einer Konversion zum katholischen Glauben war. Aber es gab auch einen literarischen Grund für den Weg in den Katholizismus: *Inferno*. Die Seelenkrise und die Qualen des Erzählers in Paris, von denen Strindberg in der ersten Person berichtet, enden damit, daß der Erzähler nach der Lektüre von Johannes Jörgensen auf die Antwort eines belgischen Klosters wartet, an das er sich in seiner Not gewandt hatte. Und Johannes Jörgensen vermittelt Laxness, diesem großen Bewunderer des *Inferno*, einen Platz im Kloster St. Maurice in Clervaux in Luxemburg, einem Benediktinerkloster, das für die katholische Mission in Skandinavien eine besondere Rolle spielte. Anfang Dezember 1922 pocht Halldór Laxness an die Pforten von St. Maurice und richtet sich für ein knappes Jahr, bis zum Herbst 1923, dort ein.

Ein Umstand jedoch muß einen Schatten auf dies schöne Bild vom jungen Mann geworfen haben, der sich aus Verzweiflung über die Kulturkrise dem katholischen Glauben zuwendet: Halldór Laxness war im Begriff, Vater zu werden. Im Sommer 1922 hatte er auf Bornholm eine junge Frau namens Malfridur Jonsdottir kennengelernt; sie war sechs Jahre älter als er und Dienstmagd der dänisch-isländischen Familie auf der Insel, bei der Laxness sich aufhielt. Malfridur wurde schwanger, aber das erfuhr Laxness erst, nachdem er von Bornholm abgereist war, und man kann annehmen, daß dies seine Seelennot noch gesteigert hat. Ihr Kind Maria wurde im April 1923 geboren. Wenn man Briefen von Laxness an seine Freunde aus dieser Zeit Glauben schenken darf, empfand er es in seiner Selbstbezogenheit als einen harten Schlag für sich, denn zum einen hatte er an keine dauerhafte Bindung gedacht, zum anderen drehten sich seine Gedanken jetzt um den Katholizismus und vielleicht sogar das Zölibat. Aber er faßt sich rasch, im Herbst 1923 schreibt er an seinen Freund Jon Helgason, daß er als Katholik keine Verantwortung für seine Vergehen als Protestant trage – ein Beispiel dafür, daß er zu diesem Zeitpunkt schon recht geübt in der Kunst der scholastischen Haarspalterei war. Laxness hatte bereits den ganzen Winter im Kloster verbracht und sich dort im Januar 1923 katholisch taufen lassen. Er nahm bei dieser Gelegenheit den Namen des Heiligen Kiljan an, eines irischen Missionars des siebten Jahrhunderts, nachdem er sich zuvor schon der Einfachheit halber im Ausland nach dem heimatlichen Hof Laxness genannt hatte.

Warum tritt Halldór Kiljan Laxness zum Katholizismus über? Hier spielen viele Gründe mit hinein, persönliche wie künstlerische – eine Geschichte, die er in *Der große Weber von Kaschmir* in Romanform erzählt. Eines aber ist klar, seine zweite Auslandsreise wurde zu einer Expedition durch die europäische Kulturkrise der Zwischenkriegsjahre, während sich seine Gedanken um die selbstbezogene Dekadenzdichtung der Jahrhundertwende drehten. Wer an allen traditionellen Werten zweifelt, kann sich mit etwas Begeisterungsfähigkeit in die Alternative hineindenken, daß es entweder keine höheren Werte als das Selbst gibt oder daß jenseits unserer Welt Werte existieren, die man nur durch vollkommene Selbstüberwindung erreicht. Halldór Laxness ist zwischen diesen beiden Polen hin- und hergerissen, und es scheint, daß er sich während seines Aufenthalts im Kloster sehr stark zum dort radikalsten Vertreter der Selbstüberwindung und Demut, Pater Beda von Hessen, hingezogen fühlte. Er war die Personifizierung jenes Lebens, das Thomas a Kempis gepredigt hatte. Zwei Tage vor seiner Taufe beschrieb Laxness in einem Brief an seine Freunde seine Alternative: »Entweder sich dem Teufel mit Haut und Haar hingeben oder sein Leben und seine Seele irgendeinem göttlichen Gedanken opfern.«

Wie bei den Schriftstellern, mit denen sich Laxness in jenen Jahren intensiv beschäftigt, ist religiöse Hingabe zugleich ein Kampf gegen die Verlokkungen des Fleisches, die im Geist der Literatur der Jahrhundertwende gern zum Kampf gegen die Frau wird. Im erwähnten Brief schreibt er: »Denn das ist die reinste Wahrheit meines ›respektablen Ichs‹, daß es Frauen haßt, sie verachtet und sie fürchtet. (NB mit Ausnahme der Frauen meiner Freunde, denn die liebe ich).« Das ist Laxness nicht immer leichtgefallen, wie aus dem Tagebuch aus der Klosterzeit, *Dagar hjá múnkum* (»Tage bei den Mönchen«), hervorgeht, das 1987 erschien. In beinahe jedem zweiten Eintrag ist von Frauen die Rede, die er in der Kirche oder in der Nähe des Klosters gesehen hat und die zweifellos gekommen sind, ihn zu versuchen. Es sind Einträge wie dieser: »23. Februar. Früh auf den Beinen und zur Kommunion gegangen. Die Schwarze [eine schwarzgekleidete Frau, die er oft sieht] in der Kirche. Ich habe sie verstohlen angeblickt. Sie ist sehr schön. Ich wollte, daß sie der Teufel hole.«

Aber Laxness' Gedanken werden von mehr abgelenkt als nur von den verführerischen Frauen rund ums Kloster, die ihm ständig Blicke zuwerfen. Er ist besessen von etwas, das er in einem Brief vom 13. Oktober 1923 an seinen Freund Jon Helgason eine »wahnsinnige Schreibleidenschaft« nennt. Dem Eintrag im Klostertagebuch vom 2. März zufolge hat er in den ersten drei Monaten im Kloster ein 450 Seiten langes Romanmanuskript, mindestens einhundert Briefe – »manche von ihnen lang und in kompliziertem Stil, viele in doppelter Abschrift« – und zwei lange Essays geschrieben. Der Roman, an dem er arbeitet, wurde ein insgesamt 1 300 Seiten umfassendes Manuskript und erschien in stark gekürzter Fassung 1924 unter dem Titel *Undir Helgahnúk* (»Am heiligen Berg«).

Das Werk wurde nie übersetzt und ist der wohl einzige Versuch von Laxness, einen »katholischen« Roman zu schreiben. Er ist unvollendet und besteht aus zwei sehr unterschiedlichen und wenig zusammenhängenden Teilen. Der erste Teil steht im Zeichen des Spätnaturalismus: Verschiedene Weltanschauungen werden in den Studienfreunden Snjolfur und Kjartan personifiziert und diskutiert. Snjolfur ist derjenige, der seine Träume verrät, indem er sie dem bürgerlichen Alltagsleben opfert; Kjartan dagegen hat kein besonderes Ziel im Leben und läßt sich mit dem Strom der Zeit treiben. Der zweite Teil handelt von Kjartan, der inzwischen Pfarrer auf dem Land geworden ist, und seinem Sohn Atli. Dieser Teil hat eine klare christliche Botschaft und endet damit, daß sich der aufrührerische Künstler Atli in Demut vor Christus verbeugt. Als Roman ist das Werk nicht besonders gelungen und weit von den Merkmalen entfernt, die Laxness' spätere Autorschaft kennzeichnen. Der besessene Leser Halldór Laxness wurde während der Arbeit am Roman von neuen Strömungen aus dem Ausland in den Bann gezogen und verlor mit der Zeit ganz einfach das Interesse an dem Buch. »Undir Helgahnuk wurde einstmals von dem jungen Schriftsteller nicht zu Ende geschrieben, weil neue Erfahrungen und Erkenntnisse ihn wohl das Dilettantische seines Unterfangens einsehen ließen«, urteilte Wilhelm Friese treffend (*Scandinavica* XI, 1972).

Während seiner katholischen Phase hat Halldór Laxness regen Kontakt zu dem (zumindest im deutschen Sprachraum) bekanntesten isländischen Schriftsteller seiner Zeit, dem Jesuiten Jon Sveinsson, genannt Nonni. Sie schreiben sich Briefe, und auf Nonnis Anregung hin unternimmt Laxness nach seinem Klosteraufenthalt eine Reise nach Paris, Loyola und Lourdes, ohne doch von den dort in Aussicht gestellten Wundern sehr beeindruckt zu sein. Er empfängt am 4. Oktober 1923 oblatus secularis, die niederste Weihe des Benediktinerordens, und besucht im selben Herbst eine Jesuitenschule in England. Dort beschäftigt er sich mit Latein und Theologie, aber aus Briefen an seine Freunde wird deutlich, daß er sich zu langweilen beginnt. Den Ausschlag gibt dann ein Aufenthalt in einem sehr strengen Karthäuser-Kloster, in dem er die Weihnachtszeit verbringt und kaum etwas anderes tut als beten. Von dort sendet er diese widersprüchliche Nachricht an Jon Helgason: »Habe zu keiner anderen Zeit meines Lebens soviel an Reife dazugewonnen; mir haben sich Wahrheiten aufgetan, die mir bisher verborgen waren. Aber trotz der Benefizien dieses Lebens zähle ich die Tage, bis ich hier rauskomme, denn ich habe Angst, daß es mich umbringt oder verrückt macht.« (»Tage bei den Mönchen«) Zu Beginn des Jahres 1924 kehrt Halldór Laxness wieder zurück nach Island und ist froh, wieder daheim zu sein.

Halldór Kiljan Laxness hatte nicht vor, lange in Island zu bleiben. Er wollte das Abitur machen, aber diese Pläne verliefen sich im Sand. Sein Aufenthalt zog sich dann doch in die Länge, er arbeitete derweil an *Heiman eg fór*, dem Vorentwurf zum *Großen Weber von Kaschmir*. Laxness ist inzwischen eine bekannte Persönlichkeit des Reykjavíker Stadtlebens geworden, er gibt Interviews in den Zeitungen; im *Morgunblaðið* zum Beispiel findet man diese witzig-arroganten Passagen: »– Sind Sie jetzt für immer nach Island zurückgekommen? – Nein, nein, nein. Ich bin hier nicht einmal zu Hause. Ich hatte vor, zu meinem Vergnügen ein halbes Jahr hierzubleiben, aber jetzt sieht es danach aus, als ob ich zu meinem Verdruß bis zum Frühjahr bleibe. – Wohin soll dann die Reise gehen? – Nach Süden – für immer. Ich vertraue dem Polarklima nicht.«

Im Sommer 1925 bricht er nach Süden auf. Zuvor verteidigte er noch den Katholizismus gegen seinen Dichterkollegen Thorbergur Thordarson und publizierte den Essay *Kapólsk viðhorf* (»Katholische Ansichten«). Und er veröffentlichte ein Gedicht in expressionistischem Stil, *Únglingurinn í skóginum* (»Der Jüngling im Walde«); es war in Form und Sprache so gewagt, daß sich ganz Island darüber empörte. Das Parlament entzog Laxness deshalb sogar ein Reisestipendium. Trotzdem fuhr er bis nach Sizilien, ließ sich im Touristenort Taormina nieder, wo sich auch Otto Weininger einst zur Schreibarbeit aufgehalten hatte, und schrieb die erste Fassung des Romans *Der große Weber von Kaschmir*. Dieses Buch, das im Frühjahr 1927 erschien, ist von Umfang und Inhalt her das erste große Werk von Laxness und markiert gemeinsam mit Thorbergur Thordarsons *Bréf til Láru* (»Brief an Laura«, 1924) den Beginn der modernen isländischen Literatur. Entgegen der allgemeinen Ansicht der Isländer ist die zeitgenössische isländische Literatur nicht aus einer Kontinuität der Erzähltradition seit den mittelalterlichen Sagas entstanden, sondern –

wie die bürgerliche Gesellschaft – erst relativ spät; ihr Funke entzündete sich durch den Zusammenprall der modernen europäischen Großstadtkultur mit der traditionellen Bauernkultur.

Halldór Laxness' bedeutendstes Jugendwerk erschien erst mit großer Verspätung im Ausland, 1975 in Dänemark, 1988 in Deutschland. Die Kritik in Dänemark wunderte sich damals darüber, daß dieses »zerfetzte Meisterwerk aus den Zeiten der großen Kulturkrise« nicht schon früher übersetzt worden war, und zeigte sich auch fünfzig Jahre nach der Erstveröffentlichung beeindruckt. *Der große Weber von Kaschmir* dokumentiert die Kulturkrise seiner Zeit, enthält zugleich Spuren von Laxness' eigenem Leben: seinen Reisen nach Europa, seiner Beschäftigung mit der Literatur der Jahrhundertwende, seiner Rebellion gegen die Bauernkultur und Erzähltradition seines Landes.

»Ich bin auf diese Welt gekommen, verrückt nach Größe«, schrieb der italienische Schriftsteller Giovanni Papini in seinem Buch *Ein erledigter Mensch (Un uomo finito*, 1912). »Das Universum hat zwei Teile: Mich und den Rest.« Und Otto Weininger hatte zehn Jahre zuvor in *Geschlecht und Charakter* geschrieben: »Der Genius offenbart ganz eigentlich die Idee des Menschen. Er kündet, was der Mensch ist: Das *Subjekt,* dessen *Objekt* das ganze Universum, und stellt das fest für ewige Zeiten.« Derselbe Gedanke ist in Strindbergs *Inferno* zu finden: »Alles oder das Wenige, das ich wissen kann, wurzelt in meinem Ich. Vielleicht nicht gerade die Zubetung, aber wenigstens die Kultivation dieses Ichs muß das oberste Ziel des Daseins sein.«

All diese Äußerungen könnten auch aus dem Munde von Stein Ellidi, der Hauptfigur des *Großen Webers,* stammen. Zu Beginn des Buchs sagt er zu dem Mädchen Dilja, der zweiten Hauptfigur, mit der ihn ein schwer bestimmbares Haß-Liebesverhältnis verbindet:

»Ich habe mit Gott einen Vertrag darüber geschlossen, daß ich der vollkommenste Mensch auf Erden werde.

Sie blickte rasch auf und fragte:

Warum willst du so vollkommen werden?

Doch er würdigte eine so einfältige Frage keiner Antwort.«

Mit *Brief an Laura* und *Der große Weber von Kaschmir* wurde die isländische Prosa von Grund auf erneuert. Thordarsons Buch, ein einziger langer Brief des Verfassers an eine Laura, liest sich wie ein karnevalistisches Gemisch aus

Spiritismus, Sozialismus, Kosmologie, Lügengeschichten, sozialistischem Gedankengut und hemmungslosem Größenwahn. Die Radikalität beider Werke liegt nicht primär in ihren kulturkritischen und politischen Äußerungen, von denen es freilich wimmelt, sondern in ihrer ungebremsten Subjektivität, in der Unverfrorenheit, mit der die Autoren das Ich ihrer Hauptfiguren in den Vordergrund stellen, in ihrem radikalen Umgang mit der Sprache und ihrer Abrechnung mit der herrschenden isländischen Ideologie.

Seit Laxness' Geburt hatte sich gleichwohl einiges auf der Insel getan: In den zwanziger Jahren gibt es zum ersten Mal etwas, das städtisches Leben genannt werden darf. Reykjavík hat 25 000 Einwohner und unterscheidet sich gesellschaftlich sehr vom Rest des Landes. Das Wirtschaftsleben hat kapitalistische Formen angenommen, während man auf dem Land noch immer wesentlich von Eigenwirtschaft lebt. Die Politik des Klassenunterschieds hat die Politik des Selbständigkeitskampfes abgelöst, es gibt eine kleine Universität, Tageszeitungen und erste Ansätze einer literarischen Öffentlichkeit. In den späten zwanziger Jahren erscheinen vier Kulturzeitschriften in Reykjavík, jede hat rund 2000 Abonnenten, es gibt einige Intellektuelle, und mit Halldór Laxness tritt der erste Berufsschriftsteller nach der gutsituierten Witwe Torfhildur Holm auf den Plan.

Die isländischen Schriftsteller setzen sich im ersten Vierteljahrhundert fast ausnahmslos mit der Abwanderung vom Land ins Städtchen auseinander. Über die Gefahren des Lebens in der Stadt wurden Romane geschrieben, die Titel wie »Seidenkleider und Wollhosen« trugen. Aber irgendwie war das keine richtig gute Literatur, weil die Autoren über große gesellschaftliche Umwälzungen schrieben, ohne über ihre Schreibweise zu reflektieren. Man könnte sie als skandinavischen Spätnaturalismus bezeichnen. Die Aufforderung von Georg Brandes, Probleme zu debattieren, wurde allzu wörtlich genommen: Die Figuren wurden in die gute Stube geführt, wo sie sich setzten und über Probleme debattierten. Diese Tendenz zum Halbherzigen, nicht zu Ende Gedachten findet sich selbst beim wichtigsten isländischen Romancier dieser Periode, Gunnar Gunnarsson, der in Kopenhagen lebte und auf Dänisch schrieb.

Anders *Der große Weber von Kaschmir*. Das Erlebnis der Stadt, der Kulturkrise, des Nachkriegschaos prägte die Themen wie die Erzählweise von Laxness. Es ging um die Intensivierung des Geisteslebens, die – so der Soziologe Georg

Simmel – »aus dem raschen und ununterbrochenen Wechsel äußerer und innerer Eindrücke hervorgeht«. Laxness' Schreibweise ist von solch einem raschen Wechsel geprägt, von provokanten Gleichnissen, die von da an sein Werk begleiten, von sprachlicher Herausforderung – sogar die Natur beschrieb er anders als je ein isländischer Schriftsteller vor ihm. Hier ein Bild vom Sommermorgen auf Thingvellir:

»Der erste Brachvogel pfiff im Südwesten wie ein junger Betrunkener, der nicht schlafen kann. Sonst waren die Vögel noch nicht auf den Beinen. Zwei Schafe, gesetzt und ehrbar wie ältere Hausfrauen, trotteten gemächlich einen schmalen Schafspfad entlang; sie dachten nach. Die leichte Brise war zur Windstille geworden; alles wurde naß vom Tau. Der mit Buschwerk bewachsene Rand der Lava duftete wie der Busen einer ausländischen Gesellschaftsdame.«

Es ging Laxness aber nicht nur um die Revolutionierung der Prosa, er wandte sich auch entschieden gegen den Einfluß der isländischen Gelehrten und Intellektuellen. Sie verkörperten ein merkwürdiges Paradox: Viele hatten an europäischen Universitäten studiert und waren städtisch geprägt, predigten gleichwohl nach ihrer Rückkehr einen Kulturbegriff, durch den die Bevölkerung vor eben jener Urbanität geschützt werden sollte. Die Grundlagen für das isländische Selbstverständnis sah man in der Bauernkultur, die aber nur ein Wunschgebilde der Intellektuellen von Reykjavík war. Diese Vordenker begriffen sich selbst als Filter, der die guten Einflüsse der ausländischen Kultur durchlassen und die schlechten zurückhalten sollte. Gegen diese Bevormundung wandte sich der junge Laxness entschieden; er wollte die Schleusen weit öffnen.

Parallel zum *Großen Weber* schrieb er für eine isländische Zeitung im Sommer 1925 eine Artikelserie über den Zustand der Kultur seines Landes. Dort freute er sich zwar darüber, daß Reykjavík über Nacht alles bekommen habe, was eine Weltstadt ausmacht, »nicht nur Kinos und eine Universität, sondern auch Fußball und Homosexualität«, aber er ärgerte sich über die Rückständigkeit der Städter. Sogar in ihrer Art zu gehen entdeckte er den Ausdruck bäuerischer Tölpelei. »All dieses Gequatsche über die isländische Bauernkultur, das ist nichts als skrupellose politische Heuchelei.« Für ihn konnte die moderne Zivilisation aus dem Ausland diese »elendige Schufterei« nicht schnell genug ablösen.

Bereits aus *Heiman eg for* spricht Laxness' Wille zum radikalen Bruch mit der isländischen Erzähltradition: »Enden nicht alle isländischen Sagas damit, daß Njal verbrannt wird?«, fragt der Erzähler provokativ, der nicht viel auf die klassischen Texte des Mittelalters gibt. Aber der *Große Weber* ist nicht nur Ausdruck einer Rebellion gegen die zeitgenössische Literatur und Ideologie; sein Autor beschäftigt sich auch mit der Rolle des Künstlers in der Gesellschaft, mit der Stellung der Frau, mit Gott und dem Drang nach Vollkommenheit, mit der westlichen Kulturkrise. Stein Ellidi ist eigentlich ein Künstler der Jahrhundertwende, der Strindberg, Papini und Weininger nach dem Mund redet. »Was habe ich noch unter diesem Volk von Provinzlern verloren«, sagt er, »zwischen ungehobelten Grobianen und geldgierigen Fischereibauern, in diesem Lande der Volksweisheit, wo Landstreicher, Großmütter, Wahrsagerinnen und ausgediente Dorfschulzen die Bannerträger der Kultur sind. Ich werde nie eine Figur in den Märchen, die bei diesem Volk spielen.«

Wie sehr sich auch Steins Stimmungen im Buch wandeln, seine Arroganz gegenüber der heimatlichen Kultur kann er nicht überwinden. Er muß das Land verlassen, muß fort, weil er die »Vollkommenheit« sucht. Seine Alternativen sind die Alternativen eines europäischen Dichters, und er muß wie die Helden bei Strindberg und Papini zwischen Gott und der Frau wählen: »Die Frau ist nämlich nicht mehr und nicht weniger als der gefährlichste Nebenbuhler Gottes, wenn es um die Seele des Mannes geht.« Am Ende wählt Stein, wie der Held aus *Inferno,* den Weg zum Kreuz. Aber in einem sehr wichtigen Punkt unterscheidet sich *Der große Weber von Kaschmir* von seinen Vorbildern: Die Erzählung ist in der dritten Person gehalten. Sie hätte ein mühsamer Monolog werden können, aber so hat sie Raum für weitere Personen, darunter das Mädchen Dilja, die so etwas wie der Sancho Pansa ihres Ritters von der traurigen Gestalt ist.

Zwei Figuren untergraben Steins hemmungslose Selbstbesessenheit: zum einen der Mönch Alban, der nach dem Vorbild des Pater Beda gezeichnet ist und dem alles menschliche Streben fremd ist: »Jesu Christi Kreuz ist die einzige Freude des sündigen Menschen«, sagt er und verschwindet in ein Kloster der vollkommenen Stille. Zum anderen Dilja: Sie hat keinerlei symbolische Bedeutung, sie ist einfach nur anwesend, stellt ihre unschuldigen Fragen, legt den Maßstab des Menschlichen an Steins Handeln. Steins Liebe zu ihr ist gefärbt vom Haß dessen, der sich wegen seines Strebens nach dem Übermenschlichen am Menschlichen vergeht: »Du machst dir einen Spaß daraus, mich in Stücke zu treten! Er ging direkt auf sie zu und gab ihr eine Ohrfeige mit der flachen Hand, so daß sie schwankte. Ich liebe dich! sagte er.«

Dilja nimmt Stein die Maske seines übersteigerten Begehrens ab, und nach ihrer Liebesnacht in Thingvellir muß er sich endlich eingestehen, daß sein ganzes Leben jenseits von ihr auf Lüge und Selbstbetrug gegründet ist. Hätte *Der große Weber von Kaschmir* hier geendet, wäre er vielleicht nicht viel mehr als eine lange Fabel im Geiste Sigmund Freuds geworden. Aber Stein strebt nun einmal nach Vollkommenheit, eine Rückkehr zum Menschlich-Durchwachsenen, zum Leben mit Erdenrest ist für ihn ausgeschlossen; so bleibt ihm nur ein Leben als Mönch. Im Priesterseminar in Rom entsagt er Dilja endgültig, und zugleich dem Menschsein: »Der Mensch ist eine Täuschung. Geh und suche Gott, deinen Schöpfer, denn alles außer ihm ist Täuschung«, sind seine Abschiedsworte an Dilja. Der Leser bleibt bei ihr, die langsam durch Rom geht, während die Stadt im Morgengrauen erwacht, und bei ihren Gedanken: »Jesus Christus ist ein seltsamer Tyrann: Seine Feinde kreuzigten ihn, und er kreuzigt dafür seine Freunde. Die Kirche ist das Reich der Gekreuzigten. Was konnte eine armselige Sterbliche gegen die heilige Kirche Christi ausrichten, die mächtiger ist als die Schöpfung?«

Der Erzähler folgt Dilja, nicht Stein; die Heiligen bleiben zurück in ihren dunklen Kammern. Dilja gehören die Erde und der Himmel, das Weite und die hellen Sommernächte in Thingvellir: »Die Luft war rein und klar nach dem Regen, die Aussicht auf die Berge wundervoll, der Duft im Wald berauschend; überall stimmten Vögel ihre Instrumente.« So legt Laxness den Maßstab des Menschlichen an den Drang seines Helden nach Vollkommenheit. Drei Jahre nach Erscheinen des Buches schrieb er in einem Essay: »Die Lösung des ›Webers‹ gibt keine Hoffnung. (...) Wenn Gott Alles ist und der Mensch nur Täuschung und Staub, dann liegt es auf der Hand, daß es für den Menschen das beste ist, sich hinzulegen und zu sterben, damit Gott in Frieden »alles sein« kann.« *(Das Volksbuch)*

So ist *Der große Weber von Kaschmir* eine dreifache Abrechnung: in seiner Sprache und Struktur mit der herkömmlichen isländischen Romanliteratur, mit der Ideologie der Bauernkultur und mit seinen eigenen literarischen Vorbildern. Der Maßstab, an dem Stein zerbricht, ist die Frau, ist Dilja. Ohne sie wäre das Buch ein langer, hitziger Essay zu den Themen der Zeit, aber sie ist sein episches Element, der Stoff für eine Geschichte, die hier nur zum Teil erzählt wird: die Geschichte eines jungen, starken Mädchens, das in eine feindliche Umgebung gerät und das sich mit einer hoffnungslosen Liebe zu einem wankelmütigen Intellektuellen herumschlagen muß. Diese Geschichte hat Laxness seither oft erzählt, in *Salka Valka*, in *Atomstation*, in *Die Islandglocke*, das Thema findet sich in seinem ersten wie in seinem letzten Roman. In gewissem Sinne ist es eine Variante des Themas, das ihn zeit seines Lebens beschäftigt hat: das Verhältnis des Dichters zum Volk.

Der Modernismus des *Großen Webers* fand für lange Zeit keine Fortsetzung, auch nicht durch Laxness selbst. Literaturgeschichtlich hat der Roman neue Maßstäbe gesetzt. Nach ihm konnte keiner, der ernstgenommen werden wollte, so schreiben wie früher. Mit ihm zog die literarische Moderne, die Weltliteratur in Island ein. Die Zeit der bösen Pfarrer war endgültig vorbei.

Der isländische Kritiker Kristjan Albertsson hat das schon 1927 erkannt. Seine Rezension begann mit den Worten »Endlich, endlich« – die zu einem geflügelten Wort bei literarischen Debatten wurden – und fuhr fort: »Endlich ein eindrucksvoller Roman, der sich wie ein Felsendom über die flache isländische Lyrik und Prosa der letzten Jahre erhebt! Island hat einen neuen großen Dichter bekommen – es ist ganz einfach unsere Pflicht, das mit Freude zu gestehen.«

Nachdem Halldór Laxness im Sommer 1925 die erste Fassung des *Großen Webers von Kaschmir* fertiggestellt hat, besucht er wieder seine Freunde im Kloster St. Maurice in Clervaux und verbringt fast ein halbes Jahr bei ihnen. Er hat damals endgültig beschlossen, Schriftsteller zu werden, und arbeitet als Gast der Mönche weiter am Manuskript. Vier Jahre später schrieb er über seine Rückkehr in das Kloster und das Wiedersehen mit Pater Beda im *Volksbuch*: »Nach zweieinhalbjähriger Abwesenheit stand ich dann wieder vor der Klosterpforte in Clervaux, wie eine geistesgestörte Frau, die das Grab ihres Kindes aufsucht. Selbstverständlich war dieses Tor von jetzt an meiner Seele für immer verschlossen, aber ich wußte, selbst wenn kein Ausweg mehr offen war, würde der Mönch Beda mich freundschaftlich und mit offenen Armen empfangen. Ich wurde nicht enttäuscht. Es ist immer mein größtes Glück gewesen, Freunde zu gewinnen, die mich nie im Stich ließen, sooft ich sie auch im Stich lassen mochte. (...)

Wenig später fuhr ich nach Belgien und blieb das Frühjahr über in Ostende. Seine letzten Worte an mich waren diese: ›Wir sehen uns später, anderswo, wenn nicht hier.‹ (Er war hier der einzige deutsche Mönch unter hundert französischen.) Als ich mich zum letzten Mal von ihm verabschiedete, verabschiedete ich mich von mir selbst für ein neues Leben. Möglicherweise war dieser Abschied das größte Ereignis in meinem bisherigen Leben. Ich rechne nicht damit, ihn noch einmal innerhalb der Klostermauern zu treffen, aber auf diesen Blättern mache ich den Versuch, ihm ›anderswo‹ zu begegnen.« Beda von Hessen starb ein Jahr nachdem ihm sein junger Schüler zum letzten Mal die Hand gereicht hatte.

Im Frühjahr 1926 ist Laxness wieder zurück in Island, wie man aus dieser amüsanten Notiz im *Morgunblaðið* entnehmen kann. »Jetzt hat man Kiljan wieder in den Straßen der Stadt gesehen, lang und dürr, mit dicker Brille und breitem Hut schreitet er in großen Schritten dahin, ausgezehrt von der Reflexion über den Abgrund menschlicher Existenz, eingehüllt und umwölkt von allen neuesten Formen der Poesie.« Dieser große Reflektierer mischt bei Kulturdebatten mit und veröffentlicht Artikel über Gott und die Welt in Zeitungen und Zeitschriften, stets in dem radikalen kosmopolitischen Ton, den er sich angeeignet hat.

Nachhaltigen Einfluß hatte eine Reise, die er im Herbst 1926 durch den Ostteil des Landes unternahm. Dabei lernte er die Isländer aufs Neue kennen, nicht zuletzt die Bauern auf den armseligen, ganz und gar abgelegenen Höfen auf der Hochheide, die hinter den Fjorden zu den Gletschern hinaufführt. In Laxness reifte die Idee, einen Bauernroman zu schreiben. Er berichtete über seine Reisen durch das Land in zahlreichen Artikeln. In ihnen ist ein gesteigertes Bewußtsein für die Lebensbedingungen der Menschen, denen er begegnete, zu beobachten; seine Kulturkritik nähert sich einer Sozialkritik, indem er materielle Verbesserungen einfordert. Nicht zufällig erschien eine seiner Artikelserien über das Leben auf dem Land unter dem Titel »Elektrifizierung auf dem Land« (Rafl sing sveitanna) im sozialdemokratischen *Alþýðublaðið*. Dennoch hatte er in seinem Innern weiter mit einem Widerspruch zu kämpfen: Er wollte Dichter werden, ein Schriftsteller von

Weltformat, um es deutlich zu sagen, immer auf der Höhe der neuesten Strömungen seiner Zeit – und er schrieb auf Isländisch, einer der am wenigsten gesprochenen Sprachen der Welt, in einem Land, in dem die Urbanisierung noch in ihren Anfängen steckte. Wo lag die Zukunft für einen Mann mit solchen Ambitionen?

Natürlich beim Film. Und wenn schon Film, dann gleich in Hollywood. Von Februar bis Mai 1927 erschien *Der große Weber von Kaschmir* in Island in vielen Teilen, die sogar auf der Straße verkauft wurden, finanziert von einigen Freunden. Dies war eine Notlösung, denn trotz der großen Publizität, die das Werk durch Zeitungsartikel und Lesungen erlangt hatte, fand sich kein Verleger. Mit dem Erlös des Buches konnte Laxness über Kanada nach Los Angeles reisen. Von dort schrieb er an seinen Freund Erlendur Gudmundsson, der großen Anteil an der Veröffentlichung des Buchs hatte: »Ich hatte das unbändige Verlangen, nach Hollywood zu fahren und zehn Drehbücher zu schreiben. Ich bin überzeugt, daß mir nichts so sehr liegt wie der Film. Für nichts habe ich ein besseres Auge als für das Filmische. Ich bin sicher, in verhältnismäßig kurzer Zeit Millionen von Dollars mit dem Schreiben von Filmen verdienen zu können.« (Hallberg: *Hús skáldsins I*)

Halldór Laxness blieb bis Ende 1929 in Nordamerika, die Jahre dort haben sein Denken in künstlerischer wie in sozialer Hinsicht tief geprägt. In Kanada, seiner ersten Station, fand er im Kreis ausgewanderter Isländer, die sich ab etwa 1880 am See von Winnipeg niedergelassen hatten, Freunde und Förderer. Von dort richtete er einen Brief an eine junge Freundin, Ingibjörg Einarsdottir, der viel über seinen Ehrgeiz und sein Denken zu dieser Zeit sagt, und den Laxness' Biograph Peter Hallberg in seinem Buch *Hús skáldsins* (»Das Haus des Dichters«) zum ersten Mal wiedergibt. Darin schreibt Laxness, er werde das Wort »Ich will!« zu seinem Motto machen, und er spricht von einem »unwiderstehlichen, verrückten Verlangen«, die Welt zu erobern. Und weiter: »Ich bin ganz verrückt nach Kraft! Island könnte nicht zur Hälfte den Ehrgeiz befriedigen, der mich erfüllt. Es gibt für mich nur zwei Alternativen: entweder die Welt so gründlich zu erobern, daß ich sie in der Tasche habe, oder aber völlig vor die Hunde zu gehen. Und selbst wenn ich vor die Hunde gehe, werde ich mich wieder von ihnen losreißen! Kapitulation gibt es in meinem Wortschatz nicht.«

Ingibjörg Einarsdottir war die Tochter einer wohlhabenden Familie in Reykjavík. Sie war sechs Jahre jünger als Halldór Laxness und wurde später für zehn Jahre seine Frau. Laxness hatte sie erstmals im Sommer 1924 in Thingvellir getroffen, einem beliebten Ausflugsziel für die jungen Leute aus Reykjavík. Sie beschrieb diese Begegnung: »Ich habe Halldór dort in Thingvellir getroffen, und ich habe ihn wahrscheinlich angestarrt, so daß er mit einer Zigarette zwischen den Fingern auf mich zukam und sagte: ›Könnte das Fräulein so freundlich sein, mir die Zigarette mit den Augen anzuzünden?‹« (Silja Adalsteinsdottir: *Í aðalhlutverki*, »In der Hauptrolle«) Vor seinem Aufbruch nach Amerika, im Frühjahr 1927, trafen sie sich oft. Es war eine unschuldige Liebe, und Laxness zögerte mit einer festen Bindung, da er nicht einmal sicher war, ob er je wieder nach Island kommen würde, aber sie führte zu einem sehr regen Briefwechsel mit Ingibjörg während seiner Zeit in Amerika. Er erzählte ihr von seinen Zukunfsträumen, seiner Ambition und seinen Projekten und gestand ihr unzählige Male seine Liebe. In seiner Briefsammlung, finden sich aber auch Liebesbriefe, die ihm eine andere isländische Frau nach Amerika sandte. Sie wollte ihm nachkommen, aber er erlaubte es ihr nicht. In Amerika verliebte er sich schließlich in eine isländische Krankenschwester, Kristín Valger ur Einarsdóttir, und wohnte sogar zeitweise mit ihr zusammen, ohne Ingibjörg je davon zu erzählen. Vielleicht ist etwas an den Zeilen dran, die er damals in einem Gedichtentwurf an einen Freund schrieb:

»Und ich hungere nach Sünde,

aber bin der guten Taten satt.« (Hallberg: *Hús skáldsins I*)

Laxness schrieb in diesen Jahren eine Anzahl von Gedichten, die formal gewandt und oft voll witziger Ironie sind; manche erinnern an Gedichte Brechts. 1930 erschienen sie gesammelt im Band *Kvæðakver* (»Gedichtebüchlein«), und seither flocht er immer wieder Gedichte in seine Romane ein.

In Kanada bleibt Halldór Laxness bis zum Herbst in der Kolonie der isländischen Einwanderer. Er schreibt weiter Artikel, in denen er die kulturelle Situation in Island diskutiert, und nach und nach zeigt sich, daß seine gesellschaftlichen Ansichten immer radikaler werden. Außerdem schreibt er Erzählungen, eine nennt er *Neu-Island*. In ihr tritt seine kritische Haltung zur isländischen Auswanderungswelle deutlich zutage; die Beschreibung des armen Bauern, der sein Land flieht und einem Traum nachläuft, der sich als

Luftschloß herausstellt, verweist bereits auf das, was Laxness später in *Sein eigener Herr* thematisiert. Die Geschichte endet mit den melodramatischen Sätzen: »Und er warf sich auf den verharschten Schnee zwischen den Bäumen nieder und weinte bitterlich in der nächtlichen Kälte – dieser große, starke Mann, der die lange Reise von Alt-Island nach Neu-Island gemacht hatte – dieser arme Mann, der seine Kinder der Hoffnung auf eine viel bessere Zukunft, auf ein vollkommeneres Leben, zum Opfer gebracht hatte. Seine Tränen fielen auf das Eis.« (in *Mein heiliger Stein*)

Als Laxness diese Erzählung auf einer Versammlung der westisländischen Kolonie vorlas, traf sie auf ein sehr gemischtes Echo, die Einwanderer verhielten sich seither reserviert ihm gegenüber. Aber er war ja nicht gekommen, um an Diskussionsabenden ausgewanderter Isländer in abgeschiedenen Ecken Kanadas teilzunehmen. Sein Ziel war die amerikanische Filmindustrie. Im Herbst 1927 zog Laxness nach Los Angeles, ein reicher Gönner hatte ihm dort eine Wohnung besorgt. Laxness hatte schon früh Interesse am Film gezeigt, auch wenn er seine kritische Haltung gegenüber der Filmindustrie sein Lebtag nicht abgelegt hat. Er verschaffte sich einen Agenten, Harriet Wilson mit Namen, und begann Drehbücher unter dem Pseudonym Hall d'Or zu schreiben.

Zwei dieser Drehbücher sind erhalten, eines ist eher mittelmäßig, es basiert auf einer seiner ältesten Geschichten (*Der Dichter und sein Hund*, veröffentlicht in *Mein heiliger Stein*), das andere, das unter den Titeln S*alka Valka, A woman in pants* und *The Icelandic whip* firmiert, ist kürzer, aber interessanter. Es spielt wie der spätere Roman *Salka Valka* in einem kleinen Fischerdorf und erzählt das Schicksal eines starken Mädchens, das sich nicht mit der trostlosen Rolle der Frauen im Ort abfindet und beschließt, sich wie ein Mann zu kleiden. Sie lernt Arnald kennen, der die nationale isländische Schwäche für Pferde, Dichtung und Frauen »in hohem Maße« in sich vereint, wie es im Manuskript heißt, und ihre Haß-Liebesbeziehung wird zum Auslöser äußerst dramatischer Ereignisse. Laxness befindet sich hier gedanklich genau zwischen dem *Großen Weber* und *Salka Valka*. Noch lassen sich Spuren des fast sadomasochistischen Verhältnisses zur Liebe finden, das in *Der große Weber von Kaschmir* durchscheint; auf der anderen Seite hat sich der gesellschaftskritische Blick Salkas gerade erst zu formen begonnen.

Laxness und seinem Agenten gelang es im Sommer 1928, das Interesse von Metro-Goldwyn-Mayer am Manuskript zu wecken, und später behauptete er, dort sei, auf Betreiben des Regisseurs Paul Bern, eine Realisierung des Projekts ernsthaft erwogen worden. Ende Juni wurde für den Sommer eine Verfilmung auf Island geplant, aber dann zögerte man so lange, bis es das Klima nicht mehr zuließ, und alle Pläne wurden fallengelassen. Es muß Laxness bei all dem ehrgeizigen Enthusiasmus, den er in seinem geistigen Gepäck mit nach Amerika gebracht hatte, eine große Enttäuschung bereitet haben, daß er in der Filmwelt nicht Fuß zu fassen vermochte.

Noch im selben Jahr schreibt er einen langen Essay über den amerikanischen Film, der in der *Volksbuch*-Sammlung erscheint; darin nimmt er gegenüber der Filmindustrie von Hollywood kein Blatt vor den Mund: »Doch alle holprigen Gedichte und Dummheiten, die seit Anbeginn in Rede und Schrift auf isländisch verfaßt wurden, sind eine Bagatelle im Vergleich zu der unsäglichen massenproduzierten Bilderflut, die, aus Amerika kommend, unser Land überschwemmt. (...) Der Film wendet sich vor allem an die ungebildeten Sklaven der Kapitalisten, in der Absicht, sie noch ungebildeter zu machen.« Und doch gibt es ein Genie, das Laxness unter »all dem verachtenswerten Filmpöbel« entdeckt, und das ist Charlie Chaplin. Chaplin übte großen Einfluß auf Laxness aus, beider Methoden haben vielleicht mehr gemein, als man auf den ersten Blick vermutet: Beide haben ein ausgeprägtes soziales Bewußtsein und großes Mitleid mit den Unterlegenen und Ausgestoßenen der Gesellschaft. Und beide scheuen sich nicht, ihre Geschichten mit Sentimentalität und Humor zu würzen, wobei sie sich nicht selten auf einem schmalen Grat bewegen. Diese Mischung wird zu einem der tragenden Elemente der großen sozialkritischen Romane von Halldór Laxness, ähnlich wie sie den Filmen Chaplins Farbe verlieh.

Laxness ist also gezwungen, sein Geld auf andere Art zu verdienen; er hält Vorträge über Island und die nordische Kultur auf »Nachmittagskränzchen aller möglichen Frauenvereine« und anderen Gesellschaften in Los Angeles. Zur zunehmenden Radikalität seiner Zeitungsartikel mag auch seine Bekanntschaft mit Upton Sinclair beitragen, dem namhaftesten Sozialisten unter den amerikanischen Schriftstellern seiner Zeit. Laxness veröffentlicht in dessen Gewerkschaftszeitung *The Open Forum* und sogar in der linksgerichteten

Wochenzeitschrift *The Nation,* und er schreibt einen Artikel über den 50jährigen Sinclair im Blatt der isländischen Sozialisten *Alþýðublaðið.* Darin greift er energisch den Fall der Anarchisten Sacco und Vanzetti auf, die kurz zuvor nach einem (wie viele Menschenrechtsaktivisten behaupteten) politischen Schauprozeß hingerichtet worden waren. Der Artikel wurde später in einem Blatt der Westisländer abgedruckt und führte dazu, daß einige der immigrierten Landsleute Laxness bei den amerikanischen Behörden anzeigten. Diese Anzeige im Frühjahr 1929, die ihm erhebliche Unannehmlichkeiten bereitete, verzieh Laxness den Westisländern nie. Sein Reisepaß wurde konfisziert und er mußte zu Vernehmungen erscheinen, doch Upton Sinclair verschaffte ihm einen guten Anwalt der American Civil Liberties Union; im Herbst wurde die Anzeige fallengelassen, Laxness bekam seinen Paß zurück. Er dachte damals bereits an seine Heimreise.

Nicht nur der Einstieg in die Filmwelt mißlang Halldór Laxness. Er hatte während seines Amerikaaufenthalts gemeinsam mit einem Freund den *Großen Weber von Kaschmir* ins Englische übersetzt und ihn einer Anzahl amerikanischer Verlage angeboten. Dabei genoß er auch die Unterstützung Upton Sinclairs, der das Werk empfahl. Aber alles war vergeblich. Die amerikanischen Verleger hatten nicht das geringste Interesse an dem Buch, und es wurde nie auf Englisch publiziert. Das verstaubte Manuskript der Übersetzung wird heute in der isländischen Nationalbibliothek aufbewahrt.

In jener Zeit las Laxness viel amerikanische Literatur, etwa Upton Sinclair und Theodore Dreiser. Am meisten aber war er, wie in seinen Memoiren *Zeit zu schreiben* zu lesen ist, von Sinclair Lewis begeistert, den er für den besten sozialkritischen Romancier Amerikas hielt. »Die Gründe dafür, daß ich jede gedruckte Seite von Sinclair Lewis gelesen habe, die ich in die Hände bekommen konnte, waren weder seine künstlerische Kraft noch seine intellektuelle Brillanz, sondern seine frappierende Methode, den Kern eines Problems mit einer Schale zu versehen.«

Laxness' Faszination für den sozialkritischen Roman führte dazu, daß sich seine Niederlage in einen Sieg verwandelte: Im Sommer 1929, einem der heißesten im Gedächtnis der Einwohner Kaliforniens, entwarf er die dramatische Geschichte eines isländischen Bauern auf einer abgeschiedenen Hochheide. Er nannte die Skizze *Heiðin,* sie war die erste Fassung des

Romans *Sein eigener Herr*. Laxness war in Gedanken schon wieder zu Hause, das geht auch aus einem Brief an Inga hervor: »Ich wünschte, ich könnte noch einmal mit dir allein über die Heide [die Mosfellsheide zwischen Reykjavík und Thingvellir] fahren, spät an einem Sommerabend, vielleicht sogar im Regen. Diese karge Heidelandschaft ist so tief mit meiner Seele verbunden. Sie hat das Ihre dazu beigetragen, mich aufzuziehen und mich zu einem Isländer zu machen. Niemand kann die isländischen Hochheiden mehr lieben als ich.« (»In der Hauptrolle«)

Ende 1929 verläßt Laxness Amerika. In einem Gespräch mit dem Autor dieses Buchs beschrieb er das 1983 in ironischer Weise: »In Kalifornien waren alle fröhlich und reich und glücklich, bis der große Börsenkrach hereinbrach. Das passierte an einem Tag, und ich habe es mitangesehen. Man ging durch die Straßen, überall waren verwirrte Menschen, und weinende Frauen und Kinder hatten alles verloren. Die Menschen glaubten, daß der Kapitalismus tot sei, und niemand war mehr fröhlich und glücklich. Die Menschen hatten ihr Hab und Gut in Banken und Aktien verloren, mein Gönner hatte seine Häuser verloren, und keiner fragte mehr nach einem jungen Mann, der auf Nachmittagsgesellschaften über Island sprach. Somit sah ich keinen anderen Ausweg als meine Mutter anzukabeln und sie zu bitten, mir Geld für die Heimreise zu schicken. Es gelang mir, Platz auf einem Schiff zu bekommen, denn die Züge waren eingestellt, und ich fuhr um die halbe Welt nach Hamburg, wo es mir gelang, ein anderes Schiff nach Hause aufzutreiben und so dem großen Krach zu entkommen.«

Halldór Laxness hatte im amerikanischen Filmzirkus aufzutreten versucht und nahm auf ähnliche Weise von ihm Abschied, wie er selbst im *Volksbuch* die Schlußszene des Chaplin-Films *Zirkus* beschrieben hatte: »Endlich steht er von der Kiste auf, auf der er saß, nimmt noch einmal allen Mut zusammen, schwingt den Stab, zieht die Hose hoch – und wir sehen ihm nach, wie er in die Prärie hinaus verschwindet.«

Denn für dieses Leben ist der Mensch nicht schlecht genug

Die Zeit der großen sozialen Romane und des politischen Engagements
1930 bis 1940

Kurz vor dem Weihnachtsfest 1929 kehrte Halldór Kiljan Laxness nach Island zurück. Das beginnende neue Jahrzehnt sollte zu einer der produktivsten Perioden seines literarischen Schaffens werden. Noch vor seiner Heimkehr war in Island die Essaysammlung *Alþýðubókin* (*Das Volksbuch*) erschienen, es folgten ein Gedichtband, eine weitere Essaysammlung, zwei Reisebücher, ein Theaterstück, ein Band mit Erzählungen – und drei große Romane, die er in jeweils mehreren Bänden veröffentlichte: *Salka Valka*, *Sein eigener Herr* und *Weltlicht*. Insgesamt erschienen in gut zehn Jahren fünfzehn Bücher aus Laxness' Feder. Damit nicht genug; er ist während dieser Zeit ständig unterwegs, reist nach Deutschland, Frankreich, Spanien, Italien, Südamerika und unternimmt zwei Reisen durch die Sowjetunion. Sein politisches und soziales Engagement ist größer als je zuvor oder danach – ganz davon abgesehen, daß er eine Familie gründet und einen Sohn bekommt: Es ist fast beängstigend, was Halldór Laxness in dieser Zeit alles zu leisten vermag, angetrieben von einem unglaublichen Eifer und Ehrgeiz. Voll innerer Unruhe und hochgesteckten Idealen, gelingt es ihm besonders in den Romanen, eine geeignete Form für seine Kreativität zu finden, die ihn zum weltbekannten Autor machte.

Die Essaysammlung *Das Volksbuch* war zum Großteil 1928 in Kalifornien entstanden. Ihre Veröffentlichung bereitete Laxness einige Schwierigkeiten, erst im Herbst 1929 fand er einen Verleger. An Selbstvertrauen mangelte es ihm dennoch nicht; in einer Erklärung, die zu Werbezwecken verwendet wurde und ursprünglich sogar für das Titelblatt vorgesehen war, heißt es: »Dieses Buch beleuchtet alle Themen, die das isländische Volk beschäftigen – soziale Fragen, Literatur, sexuelle Fragen, Glaubensfragen. Eine neue Revolution hat in der Seele des Autors stattgefunden, und er lädt das isländische Volk ein, von ihren Früchten zu kosten.« Worin bestand diese »neue Revolution«? In den radikalen Weltbürgerton der frühen Essays hatte sich ein sozialkritischer

Klang gemischt, Laxness war zum bekennenden Sozialisten geworden. Dazu hatte der Amerikaaufenthalt entscheidend beigetragen, wie er im Vorwort zur zweiten Auflage des *Volksbuches* 1945 schreibt: »Als ich 1927 nach der Veröffentlichung des ›Großen Webers von Kaschmir‹ nach Amerika ging, war ich zugegebenermaßen kein Sozialist; dann aber trat eine Wende in meinem Leben ein. Als ich um Neujahr 1930 von dort zurückkam, war ich Sozialist. Ich verstehe nicht, wie sich irgendjemand von normaler durchschnittlicher Intelligenz die von Extremen gekennzeichnete amerikanische Gesellschaft selbst vor Augen führen kann, ohne Sozialist zu werden. Der Grund, warum zig Millionen Amerikaner in Arbeitslosigkeit dahinvegetieren und in Friedenszeiten vor den Fenstern ihrer Millionäre hungern, ist der, daß diese kindliche Nation mit einer verzweifelten Anstrengung des Großkapitals und allen zur Verfügung stehenden Mitteln in einer derartig lächerlichen politischen Unwissenheit gehalten wird, daß man auf der ganzen Welt keine solche Verblendung findet, außer vielleicht in den abgeschiedensten Teilen Zentralafrikas und den Bergdörfern Indiens.«

Der Sozialismus des *Volksbuches* ist ein merkwürdiges Gemisch, sein Tenor ist ein Technik- und Fortschrittsglaube, der auf der Hoffnung von einer rationalen, gar wissenschaftlich begründeten Gesellschaft basiert. Das Buch ist zweifellos eine Annäherung an jenen Sowjetsozialismus, mit dem sich Laxness in den nächsten Jahren immer intensiver beschäftigt. Aus dem Sozialismusbegriff des Buches spricht Rationalismus und zugleich eine starke Emotionalität sowie der Gerechtigkeitssinn und Veränderungswille des Autors. Laxness erwähnt einige Male Karl Marx, den er zu lesen versucht hatte, auch wenn er in Briefen an seine Freunde gestand, daß er nur wenig begriffen habe. Daneben zitiert er Oswald Spengler, dessen *Untergang des Abendlandes,* kaum des Sozialismus verdächtig, ebenfalls großen Einfluß auf Laxness ausübte. Und je länger sein Amerikaaufenthalt dauert, desto intensiver beschäftigt sich Laxness mit Island. Er ist über die Zustände in seinem Volk entsetzt, und er beginnt eine Art Kreuzzug gegen die Unbildung, die mangelhafte Hygiene und die Armut der isländischen Bevölkerung – eine Fortsetzung der Schulmeisterei des jungen, selbsternannten Weltbürgers.

Laxness bezieht Stellung zu den Themen seiner Zeit, etwa der Situation der Frau, und zeigt sich darin nicht weniger radikal: »Jeder Unterschied in der

Arbeitsteilung, der darauf abzielt, die Frau zu einer herausgeputzten Sexualsklavin zu machen, wie es in gutbürgerlichen Kreisen üblich ist, oder zu einer schmuddeligen Küchenmagd, wie bei der Arbeiterschicht, ist eine Barbarei.« (*Volksbuch*) Laxness hält nicht viel von einer Ehe, die auf dieser Arbeitsteilung beruht, aber auch nichts von einer Ehe, die allein auf sexueller Leidenschaft gründet. Er postuliert, daß sich die Ehepartner gemeinsame kulturelle oder gesellschaftliche Ziele stecken müßten, soll ihr Zusammenleben von dauerhaftem Wert sein. Laxness leugnet die Leidenschaft nicht, er betrachtet sie als wunderbares, doch nur vorübergehendes Phänomen auf dem Lebensweg der Menschen. »Unsere Ansprüche und Wünsche wandeln sich mit jeder Periode unseres Lebens, so daß eine Frau, die ich vor einigen Jahren liebte, mich nun überhaupt nicht mehr anspricht (...). Die Perspektiven ändern sich, je nachdem wo wir uns befinden – ehe man sich's versieht, spielt unser Gefühlsleben auf anderen Saiten – der Geschmack hat sich verändert, das Bewußtsein insgesamt hat ein anderes Gepräge«, heißt es im *Volksbuch*. Dieser Gedanke taucht auch in seinem dichterischen Werk immer wieder auf. Oft schildert er große Liebe und starke Leidenschaft, aber stets im Bewußtsein ihrer Vergänglichkeit. Das von einer kraftvollen Rhetorik geprägte *Volksbuch* hat mit seinen gewagten Ansichten zu mancherlei Themen zweifellos viele verschreckt. Liest man es heute, so ist darin viel naiver Charme zu finden, nicht zuletzt in der verblüffenden Egozentrik des Autors. Er stellt sich selbst, seine Erfahrungen und sein Erleben ins Zentrum der Betrachtung und geht mit entwaffnender Selbstverständlichkeit davon aus, daß es das größte Interesse seiner Leser sein müsse, die Ansichten des Autors über Gott und die Welt zu erfahren.

Das letzte Kapitel behandelt Laxness' Verhältnis zur Religion. Nach seiner Heimkehr war er in Island vor allem dafür bekannt, Katholik zu sein, doch das ist offensichtlich nicht mehr das Bild, das er von sich vermitteln möchte, wenngleich er bekräftigt, daß er den Katholizismus als die einzige respektable Variante christlichen Glaubens betrachtet. Die Religion, heißt es, sei zu weit von der Gegenwart entfernt. Auf der Suche der Menschen nach Wahrheit sei sie von den Wissenschaften über die sinnlich erfahrbare Welt abgelöst worden, und zu Übersinnlichem verliert er nicht viele Worte. Er gesteht zu, daß »wir allen Grund haben, der großen Schöpferkraft der Welt und des Geistes mit

Ehrfurcht zu begegnen. Und ich höre mir bereitwilligst die h-Moll-Messe Bachs an und bin fest davon überzeugt, daß unsere Verehrung des Unaussprechlichen keine erhabenere Sprache hat als die Musik.«

In dieser Hinsicht lebt in Laxness noch immer die Vorstellung von einer erhabeneren Welt, die er in seiner Kindheit erahnt hatte. »Aber am stärksten von allem ist doch meine Liebe zum Menschen und mein Glaube an seine Bestimmung. (...) Der Mensch ist das Evangelium der neuen Kultur, der Mensch als die vollkommenste biologische Art, der Mensch als gesellschaftliche Einheit, der Mensch als Lebenssymbol und Ideal – der einzig wahre Mensch – DU. Deshalb sollst du nicht glauben, was in christlichen Büchern erzählt wird, daß dann, wenn der Unterlegene mit Füßen getreten wird, deinen Brüdern Unrecht zugefügt werde – nein, es ist viel ernster als das: Dort, wo die Kinder des Proletariats ausgebeutet werden, damit die Mordhunde des Kapitalismus ihren Profit machen können – dort trampelt man dich selbst in den Dreck, dich, den einen Menschen, die höchste Offenbarung des Lebens, DICH ...« Die Schlußworte des *Volksbuchs* zeugen unmißverständlich von der Gedankenrevolution des Autors und weisen den Weg zu neuen Aufgaben, zu breit angelegten sozialen Romanen, die von tiefem Mitgefühl für die Unterdrückten der Gesellschaft getragen werden. Das erste dieser Werke war *Salka Valka*, es war sein erstes großes Buch, das auch im Ausland verlegt wurde.

Als Laxness an *Salka Valka* schrieb, ereignete sich in seinem Leben mehr als nur eine gedankliche Revolution: Kurz nach seiner Rückkehr nach Island heiratete er am 1. Mai 1930 Ingibjörg Einarsdottir, genannt Inga. Ihr Vater war Professor der Rechtswissenschaften und ein führendes Mitglied der konservativen Partei. Wenn man ihrer Autobiographie *Í aðahlutverki* (»In der Hauptrolle«) Glauben schenken darf, hatte sie Laxness bei seiner Ankunft aus Amerika erwartet, fest entschlossen, seine Frau zu werden, und wahrscheinlich hatte auch er damals bereits seine Entscheidung getroffen. Der Ton in den wenigen Briefen von Kristín Valgerdur, die erhalten sind und die er gegen Ende seines Amerikaaufenthalts erhielt, läßt erkennen, daß sie ihn für bereits vergeben hielt: »Laß dir die Erinnerung an mich keinen Kummer bereiten«, heißt es etwa. Zugleich ist zu spüren, daß sich Laxness um Ingas Treue sorgte, in den Briefen zwischen ihnen ist oft Eifersucht spürbar. Laxness' Gefühlsleben war in diesen Jahren voller Turbulenzen, aber er verstand es stets, dies für seine Dichtung fruchtbar zu machen. Laxness' erste Ehe hatte ihre leidenschaftlichen und stürmischen Seiten. Ingibjörg Einarsdottir war eine selbständige berufstätige Frau mit Durchsetzungswillen, eigentlich »kein Ehefrau-Typ«, wie sie ihrer Biographin erzählte. Halldór Laxness war nicht minder selbständig, er setzte stets seinen Willen durch, blieb immer nur kurz in Island und ordnete dem Schreiben alles unter. Inga begleitete ihn auf den Reisen, wann immer es möglich war. Dies wurde schwieriger, nachdem sie 1931 ihren Sohn Einar geboren hatte. Laxness hatte in diesen Jahren nicht viel Sinn für die Kindererziehung, am Aufwachsen seiner ältesten Tochter Maria, die 1923 geboren wurde, nahm er wenig Anteil. Aus einem Brief von Inga an Laxness aus dem Jahr 1931 geht hervor, daß dieser die Tatsache, daß sie ein Kind erwartete, ein »verdammtes Unglück« genannt hatte – das war wohl nur ein momentaner Gefühlsausbruch, denn oft, und besonders auf Reisen, harmonierten Laxness und Inga sehr gut miteinander.

Während Halldór Laxness an *Salka Valka* schreibt, ist er viel unterwegs. 1930 nimmt er an einem Schriftstellerkongreß in Norwegen teil und besucht im Herbst desselben Jahres Fischerdörfer in West- und Ostisland, ein Besuch, der, wie er später sagte, entscheidenden Einfluß auf sein Werk haben sollte. Dort lernte er Orte kennen, in denen sämtliche Einwohner im Fischfang oder in der Fischverarbeitung tätig waren; vielfach besaß ein Mann oder ein Betrieb allein sämtliche Produktionsmittel, während der Großteil der Menschen in Knechtschaft und Armut lebte. In solchen Orten drehte sich das ganze Leben um Fisch. Dies wird zu einem Leitmotiv in *Salka Valka;* an einer Stelle, in der vom Klatsch der Dorfbewohner über uneheliche Kinder die Rede ist, heißt es: »Darüber wird vierzehn Tage lang ausführlich geredet, sowohl über rohem wie über gekochtem Fisch, über den Fischbottichen, auf den Fischtrockenplätzen und in dem ewigen Fischdunst der Küchen; das menschliche Leben hier dreht sich um den Fisch und besteht aus Fisch, und die Menschen sind eine Spielart, die der Herr aus gekochtem Fisch und vielleicht ein paar schlechten Kartoffeln und einem Klecks Haferbrei macht, die ehelichen Kinder sind eine Variation von gekochtem Fisch, die unehelichen ebenfalls.« In diesem Zusammenhang sei erwähnt, daß der Roman erst später den Titel *Salka Valka* erhielt; anfangs trugen die beiden Bände den Arbeitstitel *Plássið* (»Das Dorf«).

Der erste Band von *Salka Valka* erschien 1931. In diesem Jahr reiste Laxness unter anderem nach Leipzig. Von dort schrieb er an Inga: »Und wenn der zweite Teil gelingt, dann bin ich *made*, dann habe ich einen Roman von Weltformat geschrieben. (...) Und ich *werde* ein Schriftsteller von Weltrang werden oder krepieren!« Der zweite Band erschien im Frühjahr 1932, und man kann sagen, daß Laxness sein Vorhaben, einen Roman von »Weltformat« zu schreiben, gelungen war. In diesem Werk über die Entwicklung eines kleinen isländischen Fischerdorfes vereint er die sprachliche und stilistische Kühnheit des *Großen Webers von Kaschmir* mit der beabsichtigten breit angelegten Analyse der Gesellschaft und erzählt zugleich eine große Liebesgeschichte – nicht umsonst trug der zweite Teil in der Erstausgabe den Untertitel »Ein politischer Liebesroman«.

1930 war ein Jahr großer politischer Veränderungen in Island. Der Klassenkampf hatte den Freiheitskampf als dominierendes Thema der Politik abgelöst. Gewerkschaften wurden gegründet, und es entstand ein politisches System mit der konservativen Selbständigkeitspartei, der Fortschrittspartei der Bauern und der Volkspartei der Arbeiterbewegung. Noch im selben Jahr spaltete sich der linke Flügel der Volkspartei ab und gründete sich als Kommunistische Partei Islands. Damit war ein Vierparteiensystem entstanden, das in unterschiedlichen Ausformungen fortbestand und die politische Landschaft Islands bis heute prägt. Laxness unterstützte die radikale Linke, wenngleich er der Kommunistischen Partei nicht beitrat.

Die gesellschaftliche Entwicklung läßt sich in *Salka Valka* gut nachvollziehen. Der erste Teil spielt in den Jahren des ersten Weltkriegs, der zweite Teil in den zwanziger Jahren, und wie auch später immer wieder greift der Autor Ereignisse seiner Zeit auf, verarbeitet Nachrichten aus der Zeitung, porträtiert und parodiert bekannte Politiker. Hauptfigur des ersten Teils *(Du Weinstock, du reiner)* ist Salkas Mutter Sigurlina, ihre Geschichte ist die Leidensgeschichte der Wehrlosen und Bedrängten und voll religiöser Verweise; dies geht bereits aus dem Titel hervor, er ist einem Lied der Heilsarmee entnommen, bei der Sigurlina in ihrer Not Zuflucht sucht. Das Dorf befindet sich im ersten Teil ganz in der Hand des Kaufmanns Bogesen, damit ist ein Kräfteverhältnis umrissen, das sich erst im zweiten Teil des Romans auflöst. Trotz der deutlichen Tendenz des Werks hat die Beschreibung des Kampfes der Unterdrückten ironische Untertöne, wie der Bericht vom Streik im Dorf zeigt: »Dies schien in der Tat ein ganz besonders schöner Streik zu sein, mit täglichen Fortschritten von Bolschewismus und Weltrevolution, mit roter Fahne, ständigen Versammlungen, besonders unter den jüngeren Leuten, mit großartigen Reden, Musik, Frauengeschichten« Laxness zeichnet Typen, aber keine Fratzen: Wie in seinen großen sozialen Romanen *Sein eigener Herr* und *Weltlicht* bildet er die gesellschaftlichen Entwicklungen detailgetreu ab, und die Darstellung der Machthaber, der Gewerkschaften, der Bündnisse und der Verflechtungen untereinander ist so ›realistisch‹, wie sie in einem Roman dieser Weltsicht nur sein kann.

All dies bildet den Hintergrund für die Geschichte, in der die Dreiecksbeziehung Steinthor – Salka – Arnaldur im Mittelpunkt steht. Dabei handelt es sich, nur mit ausgewechseltem Personal, um dieselbe Konstellation wie in der Erzählung *Heidbaes*, die Laxness als Siebzehnjähriger geschrieben hatte: ein wankelmütiger Intellektueller, ein isländischer Hüne und das Mädchen am Hof. Aber die Vorzeichen haben sich geändert. Steinthor ist ein Grobian, er ist zäh, grausam und erbarmungslos wie das Meer und die ihn umgebende Natur und doch kein vollkommen schlechter Mensch; zuletzt sind es nur die Naturgewalten, die ihn bezwingen können. Arnaldur erinnert an einen zum Sozialisten gewordenen Stein Ellidi; er ist der Gebildete in einem bildungslosen Dorf, der Idealist an einem Ort ohne Ideale, aber auch er ist im entscheidenden Moment wankelmütig und unstandhaft.

Da haben wir wieder die bekannte Konstellation; das Bild vom Intellektuellen als einem Gast in der tristen Welt des Dorfes war nicht weit von Laxness' Selbstwahrnehmung als Schriftsteller in Island entfernt. Er sorgt sich um das Stehvermögen dieser Intellektuellen, und ob es ihnen gelingen werde, in Übereinstimmung mit ihren Idealen zu leben. Dies geht auch aus einem Notizbuch hervor, in dem Laxness Gedanken zum zweiten Band von *Salka Valka* festhielt. Dort nennt er Arnaldur auf Deutsch »Feigling« – er machte gelegentlich Notizen auf Deutsch, und während der Arbeit an *Salka Valka* war er viel in Deutschland unterwegs –, und an anderer Stelle nennt er ihn den »Mann, der vor der großen Aufgabe zerbricht« (ebenfalls deutsch). Er denkt viel über das Verhältnis von Menschen und Idealen nach. Seine Schlußfolgerung: »Der zweite Band zeigt: Die Menschen sind genauso verräterisch wie

Gott. Sie versagen immer im letzten Augenblick. Es sind die Ideen, die überleben.« Die Ideale sind größer als die Menschen, die nach ihnen streben, die sie aber ständig verraten. Das ist mit anderen Vorzeichen derselbe Gedanke wie in *Der große Weber von Kaschmir*.

Salka mag sich nicht mit der einer jungen Frau vorgezeichneten Rolle abfinden, nachdem sie das Schicksal ihrer Mutter mitansehen mußte. Sie ist selbständig, hart und stark, dennoch sensibel und voller Träume von der Liebe und einem anderen, besseren Leben:

»Ihr Wesen rief zwei diametral entgegengesetzte Eindrücke in einem hervor«, heißt es im Roman, »wie ein Paradox – sie glich einem Trollweib, und andererseits wirkte sie beinahe kindlich; sie sah aus, als ob sie ausgesprochen schwärmerisch sei, und andererseits schien sie fest in der Wirklichkeit verwurzelt zu sein; und sie hatte etwas an sich, das einen an Leichtlebigkeit denken ließ, obwohl man sich kaum eine Frau vorstellen konnte, die keuscher und jeglicher Koketterie abholder war. Und obwohl ihr Auftreten und ihre Kleidung sich stark vom Aussehen anderer Frauen unterschieden, konnte man sich schwer eine wahrhaftere Verkörperung der Weiblichkeit, die an diesem Strand lebte, vorstellen. Es war, als ob andere Frauen ausgelöscht wären.«

In der Beziehung zwischen Salka und Arnaldur manifestieren sich Laxness' Vorstellungen von der Liebe. Eigentlich finden sie erst ganz zum Schluß zueinander, kurz bevor sie sich trennen. Laxness schrieb in sein Notizbuch: »Sie trennen sich in dem Augenblick, in dem sie sich am meisten lieben, tragische Tiefen in der Unverständlichkeit menschlicher Gefühle.« Diese Liebe des Augenblicks kann nicht weiter bestehen, aber sie lebt bis in alle Ewigkeit als eine Art eingefrorener Moment fort. »Die Liebe des Augenblicks geht niemals unter, sie steht für immer fest im Universum – wir vergehen, aber der Augenblick unserer Liebe ist absolut, er kann nicht zu nichts werden. Seine Zeit war und ist«, so steht es im Notizbuch.

Einmal mehr sehen wir, wie in Laxness selbst in Zeiten eines entschiedenen ›wissenschaftlichen Sozialismus‹ Vorstellungen von einer anderen, über dem Menschen stehenden Welt gären. Dies kommt auch in Stilmitteln zum Ausdruck, im Gebrauch von Leitmotiv und Symbol. Seine Symbolik ist vielschichtig, selten eindeutig und wie bei allen guten Autoren von Bedeutung über den symbolischen Gehalt hinaus. In *Salka Valka* übernehmen Vögel diese

Funktion, ihre Laute, ihr Flug und ihre Vielfalt: von Zugvögeln über die Seeschwalbe mit ihrem lieblichen Flug und der »heißblütigen, daunenweichen« Eiderente, bis hin zu den Möwen, die nicht fortziehen, »die Vögel des Winters, dieselben, die im Frühling ihre Eier auf die nackten Felsvorsprünge legten«. Die Bedeutungen sind offensichtlich, der Intellektuelle Arnaldur gleicht den Zugvögeln, er verschwindet, sobald er kalte Füße bekommt, und trotzdem weiß Salka gut, »daß manche sagen, daß die Vögel keine Tugenden haben, keine Treue kennen, sondern davonfliegen; und dennoch können einem die Augen feucht werden, wenn man eine Feder aufhebt.«

Die Vögel sind aber nicht auf ihre Symbolfunktion beschränkt, sie erzeugen Stimmungen, verdichten das Buch und seine Zusammenhänge, wie Laxness in seinem Notizbuch festhält: »In das Buch müssen (organisch) viele Naturbeschreibungen gewoben werden (Frühlings- und Winterstimmungen) und viele Vögel und deren Bewegungen.« Vögel, ihre Flüge und Laute, kommen in fast allen Büchern von Laxness vor und haben immer auch einen literarischen Eigenwert: »Denn ein Vogel ist vor allem Bewegung; der Himmel ist ein Teil des Vogels, oder besser gesagt: Luft und Vogel sind eins; eine weite Reise immer geradeaus ohne die Erde, das ist ein Vogel; und Wärme, denn dem Vogel ist wärmer als dem Menschen, und sein Herz schlägt rascher; er ist auch glücklicher, wie man an seiner Stimme hören kann, keine Stimme ist wie Vogelzwitschern, und ein Vogel, der nicht zwitschert, ist kein Vogel.« *(Atomstation)*

Salka Valka, die Geschichte über das Leben von Menschen in einem kleinen Fischerdorf, über ungleiche Liebende und eine Liebe ohne Zukunft, zeugt vom gesteigerten Können ihres Autors. Er hat größere Fertigkeit erlangt in der Figurencharakterisierung, im Wechsel der Perspektiven und in der Inszenierung von Situationen. Dies fällt gleich zu Beginn des Buchs auf, an dem die Ankunft des Versorgungsschiffes in Oseyri beschrieben wird und im Gespräch gutgekleideter Männer aus der fernen Hauptstadt zu hören ist: »Wenn man in solch einer eiskalten Mittwinternacht diese Küsten entlangfährt, meint man, daß es nichts auf der Welt gibt, das so jämmerlich und bedeutungslos ist wie solch ein kleiner Ort unter solch hohen Bergen. Und wie leben die Menschen eigentlich in solch einem Kaff? Und wie sterben sie?« Und viel später im Buch heißt es: »Man hat so hohe Gedanken von der Welt, aus der die fremden

Schiffe kommen, in die sie wieder fahren. Und die Leute hier können nicht recht fassen, daß die Welt gerade hier ist, in Oseyri am Axlarfjord.« Dies ist einer der Hauptgedanken des Werks: der Versuch, die ganze Welt in einem bedeutungslosen Dorf zu spiegeln, eine kleine Welt zum Inbegriff der großen Welt zu machen; und er wird später in *Sein eigener Herr* beinahe wortgetreu wiederholt. Mit diesem Gedanken spricht der Autor auch zu sich selbst, denn er ist gerade eben aus der großen Welt heimgekehrt und versucht sich davon zu überzeugen, daß es hier ist, auf der kleinen Welt in Island, wo er seinen Stoff findet, um für die große Welt zu dichten.

Salka Valka wurde in Island gut aufgenommen. Die meisten Rezensenten würdigten es als einen großartigen Roman, auch wenn vielen von ihnen die politische Botschaft gegen den Strich ging. Laxness war nach wie vor auf Linkskurs, unterstützte in Erklärungen die Entwicklung in der Sowjetunion und gab in Artikeln und Interviews im Blatt der isländischen Kommunisten *Verklýðsblaðið* (Arbeiterzeitung) seiner grenzenlosen Verachtung für die Verdorbenheit des Kapitalismus Ausdruck. Armut war in seinen Augen ein Verbrechen, und das kapitalistische System war dafür verantwortlich. Obwohl kein Mitglied der Kommunistischen Partei, stand er ihr sehr nahe und wurde im Herbst 1932 zu einer Reise in die Sowjetunion eingeladen und verbrachte dort knapp zwei Monate. Sein Reisebuch *Í austurvegi* (»Auf östlichem Weg«) erschien 1933. In diesem Buch, das heute kaum mehr als dokumentarischen Wert besitzt, wiederholte Laxness kritiklos alles, was ihm seine Gastgeber über die Fünfjahrespläne und den sonstigen Stolz der offiziellen Stellen vorsagten, unter anderem über ihre Einstellung zum Bauernstand. Er lobte zum Beispiel die Zustände in der Ukraine, obwohl dort, während seines Propagandaausflugs, eine unglaubliche Hungersnot herrschte. Bemerkenswert ist, daß seine Lektüre von Stalins Pamphleten über Lenins Bauernpolitik bedeutenden Einfluß auf *Sein eigener Herr* hatte.

Laxness veröffentlichte im Jahr 1933 den Erzählungsband *Fótatak manna (Menschenschritte)*. Darin befinden sich die schon erwähnte Erzählung *Neu-Island* und andere Geschichten von einer Art, die man Proletariergeschichten nennen könnte, oftmals gut erzählt und eindrucksvoll, aber auch eine längere Erzählung, die auf Deutsch unter dem Titel *Das gute Fräulein* erschienen ist.

Diese Geschichte nimmt in Laxness' Schaffen eine besondere Stellung ein: Sie ist in der isländischen Oberschicht angesiedelt und hat Heuchelei und Scheinheiligkeit zum Thema. Zwischen Form und Inhalt dieser Geschichte ist ein Mißverhältnis festzustellen; es scheint, als habe Laxness einen großen Roman in eine etwas angeschwollene Novelle gepreßt, so daß das Buch wie eine Nacherzählung wirkt, während erzählerische Inszenierungen zu kurz kommen. Der Stoff wurde vor einigen Jahren von Gudny Halldórsdottir, einer Tochter des Schriftstellers, ausgezeichnet verfilmt.

Im folgenden Jahr verfaßt Laxness in nur wenigen Tagen ein Theaterstück mit dem Titel *Straumrof* (»Kurzschluß«), ein Stück, das mit Strindbergs *Fräulein Julie* eng verwandt ist, und eines der wenigen Werke von Laxness, in dem sich seine Freud-Lektüre niedergeschlagen hat; als es im November 1934 in Reykjavík uraufgeführt wurde, erhitzte es die Gemüter und wurde nach nur vier Aufführungen wieder vom Spielplan genommen. Diese Maßnahme bereitete dem Dichter nur wenig Kopfzerbrechen, denn er war in dieser Zeit ganz und gar mit der Arbeit an *Sein eigener Herr* beschäftigt. Er reiste weiterhin – Rom, Nizza, Paris und Barcelona waren einige Stationen –, aber überall war die Geschichte des isländischen Hochlandbauern in seiner abgeschiedenen Hütte mit im Gepäck. Sie war sein Hauptwerk der Jahre 1933/34 und kam in zwei Teilen 1934 und 1935 heraus.

»Was ist die Welt? Dies ist die Welt, die Welt ist hier, Sumarhus, mein Grund und Boden, das ist die Welt. Und wenn du auch in einer Augenblicksverwirrung die Sonne verschlingen möchtest, weil du blaue Scheine aus Amerika siehst, die natürlich gefälscht sind wie alles große Geld, das dem einzelnen ohne sein Zutun in die Hände fällt, so wirst du früher oder später erfahren, daß Sumarhus die Welt ist, und dann, weiß ich, wirst du an meine Worte denken.« Diese trotzige Rede des Bauern Bjartur an seinen Sohn, der nach Amerika will, kann auch als persönliches Motto des Autors in der Zeit, als er *Sein eigener Herr* schrieb, gelesen werden. Laxness' ärmlicher Hochlandhof sollte die ganze Welt fassen können, der große Bauernroman, den er gleichsam seit frühester Kindheit an hatte schreiben wollen, sollte der bedeutendsten zeitgenössischen Literatur in nichts nachstehen. *Sein eigener Herr* ist die Geschichte über einen Einödbauern auf der abgelegensten Hochheide Islands, zugleich ein Werk über Verblendung, Liebe und Leid im Leben eines jeden Menschen.

Die Entstehung dieses letzten Heldenepos der isländischen Literatur ist nicht ohne Anstrengung vor sich gegangen. Seit Laxness mit siebzehn Jahren die Geschichte über den Bauern Thord in Kalfakot für die *Berlingske Tidende* geschrieben hatte, verfolgte er den Wunsch, ein Buch über einen Einödbauern zu schreiben, der mit seiner Familie unter hoffnungslosen Bedingungen einen heldenhaften Kampf um ein menschenwürdiges Dasein führt. Er wollte zeigen, daß dieses Heldentum zum Scheitern verurteilt ist, der Bauer würde zum Opfer einer erschütternden Illusion werden. In seinen Memoiren schreibt er über die frühe Erzählung: »Bevor ich mich versah, war diese einfache Erzählung zum Plan eines langen Buches geworden, (...) ich rang weiter mit diesem Sonderling in vielfacher Gestalt: Thord; ja, und bin sechzehn Jahre lang nicht mit ihm fertig geworden, bis er sich 1935 vollendet und in Bjartur in Sumarhus wiedergeboren erhob.« (»Jung war ich«). Aber warum wollte ein Mann, der stets alles Gerede über die Großartigkeit der isländischen Bauernkultur verdammt hatte, ein Buch über das Leben auf dem Land schreiben? Hatten solche Geschichten nicht allzu lange der skandinavischen Erzählliteratur ihr Mal aufgedrückt, sollte sich ein ehrgeiziger junger Autor nicht ein anderes Sujet suchen?

Vielleicht; es sei denn, Halldór Laxness habe einen Bauernroman schreiben wollen, der das Ende der Bauerndichtung und zugleich einen neuen Anfang bedeutete, eine Art *Don Quijote* dieser Literaturgattung; ein Meisterstück, das die Verlogenheit der älteren Werke bloßstellte und zugleich ein neues Werk war. Vieles deutet darauf hin, daß dies seine Absicht war. Der Bauer Bjartur aus *Sein eigener Herr* hat mit dem Ritter von der traurigen Gestalt gemein, daß seine Ideale nicht an und für sich falsch sind, nur kämpft er für sie am falschen Ort und zur falschen Zeit. Der trotzige Autonomiegedanke führt Bjartur und seine Leute in eine schreckliche Auswegslosigkeit.

Um aber ein Werk schreiben zu können, daß zugleich ein Bauernroman und ein glanzvolles Stück Weltliteratur würde, mußte Laxness ein würdiges Vorbild herausfordern, und dazu taugten die Autoren der isländischen Bauerndichtung nicht. Er nahm sich jenen Dichter vor, der zu dieser Zeit als einer der größten Erzähler Europas galt, den Norweger Knut Hamsun. *Sein eigener Herr* ist geradezu gegen eines der größten Werke Hamsuns, *Segen der Erde* von 1917, geschrieben. Dieser Roman ist eine der schönsten Landromanzen

Am 27. Oktober 1955 gab die schwedische Akademie ihre Entscheidung bekannt, Laxness den Nobelpreis für Literatur zu verleihen. Anfang November gab der isländische Präsident ihm zu Ehren einen Empfang. Laxness und Audur in der Mitte, neben ihr Asgeir Asgeirsson, der isländische Präsident, umgeben von Schriftstellerkollegen und Künstlern, schräg links hinter Laxness z.B. der Komponist Jon Leifs.

Am 10. Dezember 1955 überreichte der schwedische König Laxness den Nobelpreis für Literatur. Hier Laxness bei seiner Dankesrede.

Die Nobelpreisträger des Jahres 1955 mit ihren Urkunden, von links: Vincent du Vigneaud (USA), Polykarp Kusch (USA), Willis E. Lamb (USA), Huge Theorell (Schweden) und Laxness

Der Autor und die Professoren:
Hier sind die Preisträger unterwegs zum großen Fest im Rathaus von Stockholm.

Unterwegs zur Nobelfeier mit Audur

Stolzer Preisträger, mit Audur und Urkunde

Am Ende bekommt er die Prinzessin:
auf der Nobelfeier mit Margaretha, Prinzessin von Schweden

Das schönste Photo vom Nobelfest: mit schwedischen Studentinnen

Nach der Nobelfeier gab es auch einen Island-Abend in Stockholm.
Vorne, von links: Thorunn Astridur Bjornsdottir, Sigurdur Nordal, Botschafter in Dänemark und Professor für isl. Literatur, Kristin Hallberg und Laxness. Stehend: Peter Hallberg, Laxness' schwedischer Übersetzer, Ragnar Jonsson, sein isländischer Verleger, Olöf Nordal, Jon Helgason, Professor in Kopenhagen, und Audur. Jon Helgason und Sigurdur Nordal hatten Laxness für den Nobelpreis vorgeschlagen.

Noch ein Bild vom Fest der Isländer und Islandisten

Der Nobelpreis brachte auch eine angenehme Summe Geld. Ab jetzt standen immer schöne
Wagen vor Gljufrasteinn, ein guter Opel, ein Buick, zuletzt ein Jaguar.

Mit seinem isländischen Freund und Verleger, Ragnar Jonsson (Mitte). Ragnar war Margarinefabrikant und konnte so seinen Verlag finanzieren – das Verlagsbüro befand sich meistens in seinem Jeep.

Audur und Laxness bekamen zwei Töchter, Sigridur und Gudny.
Hier ist Gudny mit ihrem Vater.

Im Herbst 1957 begaben Halldór und Audur sich auf eine Weltumseglung. Laxness reiste am liebsten mit dem Schiff, da konnte er sich entspannen, aber auch schreiben, was er oft auf Reisen tat.

Mit Audur auf der Weltumseglung

Im November 1957 kam Laxness nach China – hier ist er zusammen mit Yeh Cun-chan, dem damaligen Vorsitzenden des chinesischen PEN Clubs, der auch ein fleißiger Übersetzer aus dem Skandinavischen war.

Die nächste Etappe der Weltreise: Dr. Krishna Kripalani, der Vorsitzende der indischen Akademie für Literatur, begrüßt Laxness in Bombay im Januar 1958.

Im Januar 1958 zusammen mit dem damaligen Vizepräsidenten Indiens, S. Radhakakrishnan. Nicht daß Laxness in Indien so bekannt war, aber die Inder hatten eine Charmeoffensive gegenüber dem Westen gestartet und luden u. a. Nobelpreisträger ein.

Laxness hält einen Vortrag über die isländische Literatur in der indischen Akademie für Literatur in Neu Dehli, vor 700 Zuhörern.

Laxness überreicht dem damaligen Kulturminister von Indien ein Faksimile der ersten in Island gedruckten Bibel.

Am 26. Januar 1958 empfängt Jawaharial Nehru, Indiens Premierminister, den isländischen Schriftsteller. Er und Audur wurden auch in Nehrus Haus eingeladen, und er traf die junge Indira Gandhi.

Der amerikanische Autor Upton Sinclair hatte in den späten zwanziger Jahren mit seinen Kontakten zur American Civil Liberties Union verhindern können, daß Laxness aus politischen Gründen des Landes verwiesen wurde. Die beiden produktiven Schriftsteller freuen sich über das Wiedersehen 1959.

Einen Großteil des Jahres 1960 verbrachte Halldór in Lugano.
Hier zusammen mit Audur und den Töchtern Sigridur und Gudny.

Die Familie wohnte in diesem Haus in Lugano. Hier beendete Laxness die Arbeit an seinem Roman *Das wiedergefundene Paradies*, den man auch als die endgültige Abrechnung mit dem Sowjetkommunismus und dem Glauben an absolute Wahrheiten lesen kann.

Im Winter 1961/62 wohnte die Familie in Wien. Hier steht Laxness zusammen mit seiner Tochter Sigridur vor dem Schloss Schönbrunn.

Von Wien aus nahm Laxness einige offizielle Einladungen wahr, unter anderem in die Tschechoslowakei und nach Ungarn, im März 1962, woher diese Aufnahme stammt.

Ein anderes Photo vom Besuch in Ungarn

Solche Besuche im Ostblock waren stramm organisiert –
dazu gehörte auch ein Besuch auf einem Bauernhof, hier in Ungarn.

In Kopenhagen 1962 mit seinem Freund, dem dänischen Schauspieler Poul Reumert, der mit der Isländerin Anna Borg verheiratet war.

Besuch in Griechenland 1963, hier zusammen mit dem Schriftsteller Giorgos Athanasiadis-Novas, den Laxness aus der europäischen Schriftstellervereinigung COMES kannte. Novas war gerade Minister in der Regierung Papandreou geworden, der Empfang war königlich.

Elena Chruschtschow, Tochter des damaligen Sowjet-Führers, zu Besuch bei Laxness 1964

In den sechziger Jahren mit seinem Freund Julius Isaacs, Dichter und Richter und lange im Vorstand des amerikanischen PEN Clubs

Im Arbeitszimmer von Gljufrasteinn

Mit dem Saga-Forscher und Professor für Nordistik an der Universität Leningrad, Steblin Kamenski, in den späten sechziger Jahren

Zu Besuch bei Anna Seghers in Berlin 1973

Zum siebzigsten Geburtstag wieder ein Portrait von Jon Kaldal.
Würdevoll, aber doch leicht schmunzelnd.

der skandinavischen Literatur und das Werk, das bei der Verleihung des Nobelpreises an Hamsun 1920 besonders gewürdigt wurde. Im Nachwort zur zweiten Auflage von *Sein eigener Herr* schreibt Laxness: »Man hat behauptet, ›Sein eigener Herr‹ sei zum Teil Hamsuns ›Segen der Erde‹ nachgebildet. Das ist insofern richtig, als hier die gleiche Frage gestellt wird wie in ›Segen der Erde‹ – wenn auch die Antwort der Antwort Hamsuns direkt entgegengesetzt ist. Ich will nicht behaupten, daß alle gesellschaftlichen – und auch die anderen – Schlußfolgerungen in ›Sein eigener Herr‹ richtig sind, doch beim Schreiben des Buches spielte meine Gewißheit eine Rolle, daß die gesellschaftlichen Schlußfolgerungen Hamsuns in ›Segen der Erde‹ im allgemeinen falsch sind.«

Aber es gibt Parallelen. Laxness' Held Bjartur, stur, einsam, herrisch, ähnelt dem Bauern Isak aus *Segen der Erde*. Seine Frau Rosa erinnert an Hamsuns Inger; Bjartur hat wie Isak einen Sohn, der seinen Hof übernehmen könnte, und einen weiteren, der ins Ausland geht und so weiter, aber die Schlußfolgerung ist umgekehrt. Man könnte sagen, daß der Bauer Bjartur an der damals so populären »Hamsunistischen« Ideologie zugrunde geht: der Mensch als Teil der Natur, der sich sein Brot im Schweiße seines Angesichts verdienen soll und ohne die sogenannte Zivilisation, jedenfalls die urbane, auskommen kann. Bjartur will um jeden Preis ein selbständiger Mann sein, er möchte sein eigenes Land bebauen und verliert dabei alles, auch den einzigen Menschen, den er liebt, seine Tochter Asta Sollilja. Er verliert, weil er nicht mit anderen Menschen zusammenleben kann, weil er die Solidarität nicht versteht, weil er wie Isak ist. Über Isak heißt es am Ende von *Segen der Erde:* »Er ist Ödmarkbauer durch und durch und Ackerbauer ohne Erbarmen. Ein Auferstandener aus der Vergangenheit, der in die Zukunft weist, ein Mann aus der ersten Zeit des Ackerbaus, ein Landnahmemann, neunhundert Jahre alt und wieder der Mann des Tages.« (Übersetzung von Alken Bruns) Im Resümee von *Sein eigener Herr* widerspricht Laxness regelrecht diesen Worten: »Der alleinarbeitende Bauer kommt nie aus der Klemme, er lebt weiter im Elend, solange der Mensch nicht des Menschen Schutz, sondern der schlimmste Feind des Menschen ist. (...) Die Geschichte von Bjartur in Sumarhus ist die Geschichte des Mannes, der sein ganzes Leben lang, Tag und Nacht, den Acker seines Feindes säte.«

Die Ähnlichkeiten einzelner Motive in diesen Büchern sollten wiederum auch nicht überbewertet werden. *Sein eigener Herr* ist ein eigenständiges Werk, gegründet auf Laxness' Beobachtungen über das Leben der Kleinbauern und seine persönliche Sicht als Romancier. Anfangs wußte er kaum etwas über die Bauern und ihre Lebensbedingungen. Diesen Mangel behob er unter anderem während seiner Reise durch Ostisland 1926, bei der er einige abgelegene Höfe besuchte und in einem Artikel beschrieb. Aber das reichte noch nicht, ihn in seinem Vorhaben weiterzubringen, und er ließ es während der ersten Zeit seines Amerikaaufenthalts ruhen. Dann aber drängte sich ihm das Werk immer mehr auf, je stärker das Gefühl wurde, das er in einem Brief aus Amerika an Ingibjörg beschreibt: »Hier habe ich meine Kräfte in Faulheit und Müßiggang unter Unbekannten vergeudet, die keine Ahnung haben, wer ich bin und was ich wert bin – und das zweieinhalb Jahre lang.« (Hallberg: *Heiðin*) Im letzten Sommer in Los Angeles entwirft er eine Skizze von *Sein eigener Herr* unter dem Titel »Die Hochheide« *(Heiðin)*. Später berichtet er in seinen Memoiren: »Und kaum war ich nach Hause gekommen, als mich irgendwelche inneren Verwünschungen in die letzten Ecken des Landes trieben, in die Hochtäler und abgeschiedenen Fischerdörfer, manchmal mitten im Winter bei jedem Wetter, um nach diesem verdammten Mann, diesem Häusler zu suchen. (…) In der Zwischenzeit faßte ich den Entschluß, über eine kraftvolle Frau in einem Fischerdorf zu schreiben, Salka Valka, und sie verschaffte mir zwei Jahre Ruhe vor dem Kerl.« *(Úngur eg var)*

Laxness' Reise in die Sowjetunion 1932 gab dann den Ausschlag bei seinen Versuchen, den Stoff zu fassen. Bemerkenswerterweise waren es die schematischen Theorien Lenins und Stalins von einer Dreiteilung des Bauernstandes in Großbauern, Mittelbauern und Kleinbauern, die ihm halfen, sich über seine Vision von Bjartur Klarheit zu verschaffen: »Da erst erschloß sich mir das Problem Bjarturs in Sumarhus, und ich schrieb die Geschichte über den Kleinbauern in einem Zug in zwei Jahren.« (ebd.) Die Wurzeln von *Sein eigener Herr* liegen somit in den Bauernhöfen Ostislands, in Hollywood und in der Sowjetunion. Die quälende Frage war nur: Wie konnte er der Geschichte einen breiteren Bezug geben, sie zu einer Art Anti-Bauernroman machen und zugleich zu Weltliteratur? In dieser Hinsicht war er mit einem zweiten Entwurf von 1933 unzufrieden, der auch nicht der Absicht gerecht wurde, »die Geschichte der isländischen Nation in nuce« zu interpretieren, wie er ins Notizbuch schrieb.

Bjartur träumt davon, selbständig zu sein, auf seinem eigenen Hof, mit seinen eigenen Tieren zu leben, auch auf Kosten der Gesundheit und des Lebens seiner Nächsten. Er will von niemandem abhängig sein, keinem etwas schulden und kämpft für sein Ziel mit kaum begreiflichem Starrsinn. Der zeitliche Rahmen des Romans ist relativ genau abgesteckt, er reicht von der Jahrhundertwende 1900 bis ins Jahr 1922, und wie gewohnt hatte sich Laxness mit dem geschichtlichen Hintergrund gut vertraut gemacht, in Zeitungen und Artikeln über die Lebensbedingungen der Bauern gelesen, deren Veränderungen durch die Gründung von Genossenschaften, den ersten Weltkrieg und die Konjunktur- und Rezessionsjahre studiert. In dieser Hinsicht ist *Sein eigener Herr* vielleicht das am besten recherchierte Werk von Laxness und der thematische Kontext am klarsten herausgearbeitet. Aber Laxness wußte sehr genau, daß dies allein nicht ausreicht.

Die Notizbücher öffnen Türen zur Werkstatt des Dichters, werfen Licht auf seine Arbeitsweise und die Entwicklung der Werke. So war Laxness bewußt, daß er hart an der Charakterisierung seiner Figuren arbeiten mußte, die in den Entwürfen oft einförmig und unattraktiv sind. Laxness mußte ihnen mehr Nuancen geben, sie näher an die Leser heranführen, wie er am Rand einer Skizze notierte: »Alle Personen anziehender als in diesem Entwurf gestalten.« Und er erinnert sich selbst daran, daß er allen Figuren »persönlichere, sympathischere Züge« verleihen müsse. Wenn der Leser mit Bjartur trotz dessen manchmal an Grausamkeit grenzender Härte mitfühlen soll, so muß er über eine Größe und Würde verfügen, die beinahe übermenschlich ist. Für dieses Ziel nutzt Laxness den Schauplatz der Hochheide am Rande der Zivilisation. Einige Jahre später formulierte er diesen Gedanken in einem Reisebuch aus der Sowjetunion so: »Die Personencharakteristik hat ihr Paradies in den halbzivilisierten Ländern. In Ländern, wo die Zivilisation sehr verbreitet und relativ gleich verbreitet ist, nicht selten auf Kosten der Kultur, sind die Menschen in hohem Grad einander ähnlich, und überdimensionale persönliche Merkmale sind so selten, daß der gewöhnliche Bürger diese Personen unwillkürlich als vollkommen geistesgestört betrachtet und Angst vor ihnen hat.« (*Gerska ævintýrið*, »Das russische Abenteuer«)

Bjartur und Asta Sollilja, das Mädchen, das aus den Grundelementen der Hoffnung und des Leidens zusammengesetzt ist, prägen sich dem Leser am tiefsten ein, aber auch fast jede Nebenfigur wirkt voll ausgearbeitet. Und Laxness gestaltet die Beziehungen zwischen den Personen komplexer als in den Entwürfen zum Roman und macht es dem Leser schwerer, die Frage nach Schuld und Verantwortung klar zu beantworten. Ein Beispiel dafür ist das zweideutige Verhältnis zwischen Bjartur und Asta Sollilja. In einer Vorstudie hat der Bauer eine Tochter, und es besteht kein Zweifel daran, daß er sich an ihr vergeht, ein Fall von Inzest. In der endgültigen Fassung steckt im Verhältnis Bjartur–Asta zwar zweifellos mehr als in einer gewöhnlichen Vater-Tochter-Beziehung, aber sie ist zu seiner Stieftochter geworden, und Bjartur reißt sich im letzten Moment zusammen, als sich Asta während einer Übernachtung im Dorf an ihn schmiegt – die Beziehung ist vielschichtiger geworden.

Solch komplexe Fragen nach Schuld und Unschuld sind ein Zeichen dafür, daß sich Laxness in *Sein eigener Herr* der Tragödienform genähert hat, denn er mußte für seine Geschichte auch einen strengeren Rahmen als in den Entwürfen finden. Den Schluß miteinbezogen, besteht der Roman aus fünf Teilen, geradeso wie eine klassische Tragödie. Am Ende jedes Teils hat Bjartur etwas Wichtiges verloren: Am Anfang Rosa, seine Frau; am Ende des zweiten Teils verliert er seine Haustiere, zum Abschluß des dritten hat er seine Tochter vertrieben, und am Ende des vierten hat er seinen Hof endgültig verloren. Zum Schluß sehen wir ihn nochmals in die Einöde ziehen, mit der sterbenden Tochter in seinen Armen. Die Szene erinnert an eine Skulptur des Bildhauers Einar Jonsson, die großen Eindruck auf den jungen Laxness machte und als Titelbild der Erstausgabe verwendet wurde, aber auch an Shakespeares Tragödie von König Lear, der mit seiner sterbenden Tochter Cordelia in den Armen umherirrt. Dieser strenge Aufbau macht den Roman kompakter und trägt zu seinem klassischen Erscheinungsbild bei. Hierin liegt auch der Hauptunterschied zu Hamsun. Beide Autoren schreiben einen Roman über einen starken Mann, einen Helden (*Heldengeschichte* war auch der ursprüngliche Untertitel von *Sein eigener Herr*), der die Zivilisation verläßt. Hamsun ist Kulturpessimist und schreibt eine Komödie, das ist die Grundhaltung von *Segen der Erde*. Laxness ist schon seit dem *Großen Weber von Kaschmir* ›Kulturoptimist‹ und schreibt eine Tragödie.

Sein eigener Herr ist gleichwohl kein endloser Klagegesang, sondern eine faszinierende Mischung aus Humor und Tragik; die Geschichte ist voller Schwung, sarkastischer Kommentare, überraschender Assoziationen und witziger Dialoge. Rosa, die Bauernkollegen Bjarturs, der Priester, die Frau von Raudamyri: sie alle sind Figuren, die dazu beitragen, das notwendige Gegengewicht zur Emotionalität zu schaffen, und verleihen der Geschichte Tiefe. Der Grundton des Werks aber ist das, was Laxness »Mitgefühl« oder »Mitleid« nennt (isl. samlí un). Es ist der Ton, den der Junge Nonni – der später in die Welt hinauszieht, um singen zu lernen – erahnt, als seine Schwester Asta zusammenbricht: »Es war das erste Mal, daß er in das Labyrinth der menschlichen Seele blickte. Er verstand es keineswegs. Aber was mehr war: Er litt mit ihr. Viel, viel später durchlebte er diese Erinnerung im Gesang, in seinem schönsten Gesang, im schönsten Gesang der Welt. Denn nicht das Verständnis für die Hilflosigkeit der Seele, für den Kampf zwischen zwei Gegensätzen, ist die Quelle des erhabensten Gesangs. Die Quelle des erhabensten Gesangs ist das Mitleid. Das Mitleid mit Asta Sollilja auf Erden.« Das spielt für Laxness die Hauptrolle, dies geht auch aus dem erwähnten Notizbuch hervor, in dem er sich selbst ermahnt, niemals, »auch nicht einen Augenblick, das Mitgefühl mit allem was existiert« zu vergessen. Das Mitgefühl beruht auf der Gewißheit, daß nichts so traurig ist wie zwei Menschen, wie es an einer Stelle heißt, und deshalb liegt auch Hoffnung darin, daß Bjartur und Asta am Schluß für einen Augenblick im Angesicht des Todes zusammenfinden.

Halldór Laxness wandte seine ganze Erzählfreude, seine Kühnheit in der Figurengestaltung und seine psychologische Intuition an, um ein ›klassisches‹ Werk zu schaffen, das trotz seines beengten und fernab gelegenen Schauplatzes die ganze Welt zu fassen vermochte, den Mikrokosmos, der den Makrokosmos spiegelt.

Sein eigener Herr löste größere Kontroversen aus als *Salka Valka,* trotz des viel offensichtlicheren politischen Gehalts des letzteren. Es war vor allem die erbarmungslose Verweigerung jedes Romantisierens des Landlebens, die viele Leser verstörte. Es ist zu bedenken, daß Island trotz der Industrialisierung der Fischerei und ihrer wachsenden Bedeutung nach wie vor eine Agrargesellschaft war und die Bauernpartei, die sich Fortschrittspartei nannte, eine starke Position im politischen System innehatte. Die Festtagsreden dieser Partei, deren Botschaften mit schönen Worten über das Landleben gespickt waren, erinnerten nicht wenig an den bereits erwähnten »Hamsunismus«. Ihr Anführer, Jonas Jonsson von Hrifla, schrieb eine ganze Artikelserie gegen *Sein eigener Herr*, Vereine verfaßten Resolutionen gegen das Buch, und es gab Bauernhöfe, auf denen Laxness dieses Werk nie verziehen wurde. *Salka Valka* war seinerzeit, empfohlen durch Jonas von Hrifla, im staatlichen isländischen Verlag erschienen, *Sein eigener Herr* wurde dort abgelehnt, schließlich besorgte ein Buchhändler in Reykjavík die Herausgabe.

Das Buch hatte ein denkwürdiges editorisches Nachspiel in Deutschland. Laxness hatte mit *Salka Valka* seinen ersten Erfolg im Ausland. Sein Dichterkollege Gunnar Gunnarsson, einer der damals bekanntesten Romanciers in Dänemark, übersetzte es ins Dänische, und dort erschien es schon 1934. Zwei Jahre später erschien es im Verlag Allen and Unwin in England, wo es vom *Evening Standard* zum Buch des Monats gewählt wurde. Zur Begründung hieß es: »Diese Seiten erlauben sich keinerlei Schönheit, die als Verzierung stört; aber sie sind durchzogen von der Schönheit der Integrität.«

Es verwundert nicht, daß ein Autor, der in Skandinavien auf sich aufmerksam gemacht hatte, auch im Dritten Reich wahrgenommen wurde. 1936 legt der Zinnen-Verlag Leipzig/Berlin/Wien den ersten Teil von *Sein eigener Herr* unter dem Titel *Der Freisasse* vor. Der zweite Teil erschien nie; dazu dürfte der Umstand beigetragen haben, daß sich ein gewisser Heinrich Jessen 1937 in der *Bücherkunde*, dem »amtlichen Organ der Dienststelle des Beauftragten des Führers für die gesamte geistige und weltanschauliche Erziehung der NSDAP und der Reichsstelle zur Förderung des deutschen Schrifttums«, mit diesem Buch beschäftigte. Er schrieb: »Ein düsteres Buch, ohne Lichtblicke, unerbittlich, ja fast grausam. (...) Der Verfasser ist den Deutschen und besonders dem Nationalsozialismus sehr wenig wohl gesonnen und soll gegen Deutschland mehrfach Hetzartikel veröffentlicht haben, was in seiner sozialistischen, offenbar stark linksgerichteten Einstellung hinlänglich begründet ist. (...) Wir fragen den Verlag, ob diese Einstellung ihm bereits bekannt war, ob er sich die Eignung des Verfassers für Deutschland ansah?« (Zitiert nach Friese: *Halldór Laxness – Die Romane*)

Der Verlag entschuldigte sich, und die »Reichsstelle zur Förderung des deutschen Schrifttums« schickte einen offiziellen Brief an Laxness, in dem sie ihn zur Stellungnahme zu den Anschuldigungen des Herrn Jessen aufforderte. Aber nicht nur das. Der Goverts Verlag in Hamburg wollte eine deutsche Ausgabe von *Salka Valka* herausbringen und wandte sich an die deutsche Zensur, die wiederum Herrn Jessen bat, eine Erklärung abzufassen, die Laxness unterschreiben sollte, damit das Buch in Druck gehen konnte; eine Erklärung, in der es unter anderem hieß, daß ihm eine Einmischung in die deutsche Innenpolitik fernliege, und die mit den Worten schloß: »Für das deutsche Volk und seine Kultur empfinde ich die allergrößte Achtung, ganz besonders für die, die heutzutage seine Bannerträger sind.« Diese Briefe und seine Antwort hat Laxness 1938 in einer isländischen Tageszeitung veröffentlicht: »Falls die Behörde einer ausländischen Regierung sich einbildet, mir befehlen zu können, wie ich über verschiedene geistige Strömungen oder über die Politik denken soll, und falls sie mich mit meiner Unterschrift in den Dienst fremder Interessen stellen will, dann bin ich gezwungen, den Beteiligten ein für allemal mitzuteilen, daß ich mir das Recht nehme, für oder gegen jegliche Meinung, wann auch immer, wo auch immer und wie auch immer zu sprechen.« 25 Jahre sollten vergehen, ehe *Sein eigener Herr* erneut auf Deutsch erschien.

»Als ich Bjartur im Schlußkapitel entließ, fühlte ich mich, als ob es keinen Halt mehr für mich in der Welt gäbe«, schrieb Laxness im Nachwort zur zweiten Auflage von *Sein eigener Herr*. Er hatte sein großes Buch über den Bauern nach dem Roman über das Fischermädchen abgeschlossen, und es kostete ihn einige Anstrengung, sich an das nächste ehrgeizige Projekt zu machen, ein Buch über das Schicksal eines Dichters in unsicherer Zeit. Derweil sieht er sich in der Welt um. Im Frühling 1936 unternimmt er mit einem Freund eine Reise in die entlegensten Gebiete im Nordwesten Islands, um Stoff zu sammeln; er fährt verschiedene Male nach Europa, kommt unter anderem dreimal nach Deutschland und besucht Berlin, wo gerade die Olympischen Spiele stattfinden. Später im Sommer reist er per Schiff nach Südamerika, wo er unter anderem Argentinien, Uruguay und Brasilien besucht. Anlaß ist ein Kongreß des Internationalen Schriftstellerverbandes PEN in Buenos Aires, auf den er auch in *Zeit zu schreiben* (1963, dt. 1976) zu sprechen kommt. Die Konferenz drehte sich insbesondere um den Kampf gegen Zensur und Faschismus. Er wurde kontrovers geführt, denn auch Schriftsteller, die mit den italienischen Faschisten sympathisierten – etwa Marinetti und Ungaretti – nahmen an der Versammlung teil.

Während der langen Schiffahrt lernte Laxness zahlreiche Schriftsteller kennen, unter ihnen Emil Ludwig und Stefan Zweig. Über Zweig, der seit 1934 im Exil lebte, schrieb er, er sei während einer Abendunterhaltung »der Mittelpunkt jedes Vergnügens« gewesen, »wobei er nie direkt fröhlich war, sondern eher ein wenig niedergeschlagen, so daß man den Eindruck gewinnen konnte, die Vergnügungssucht sei nur die Oberfläche irgendeiner nagenden Angst der Seele vor der Finsternis. (...) Dennoch hatte ich manche angenehme Unterhaltung mit diesem vorzüglichen Menschen, über dies und jenes, wie zwei Schriftsteller sich so unterhalten, der eine berühmt, der andere unbekannt. Einer seiner Sätze ist mir wegen der Tragödie, die er streift, unvergeßlich geblieben, einer Tragödie, die vielleicht keine geworden wäre – oder nicht diese –, wenn er oder ich den Worten ein Gewicht beigemessen hätten, die damals fielen. Wir hatten uns über den voraussehbaren Ruin Europas unterhalten, wenn ein Krieg ausbrechen sollte. Er behauptete, daß Island unversehrt daraus hervorgehen würde, und faßte den Inhalt des Gesprächs am Ende so zusammen: ›Wenn der nächste Krieg ausbricht, verständige ich Sie mit einem Wort und bitte Sie, mir irgendwo in Reykjavík unterm Dach ein Kämmerchen zu besorgen. (...) Leider ließ er mir nie jenes Wort zukommen, als es soweit war, sondern ging nach Brasilien in die bodenlose Öde, wo er und seine junge Frau sich umbrachten. Ich hege den sinnlosen Gedanken, daß es, wenn Zweig mir tatsächlich geschrieben und ich ihm in Reykjavík ein Dachkämmerchen verschafft hätte, gewiß anders gekommen wäre.« *(Zeit zu schreiben)*

Laxness beteiligte sich zu dieser Zeit aktiv an der isländischen Politik. Er trat seit 1935 entschieden für die damals von der Komintern, der Kommunistischen Internationale, befürwortete Politik der Einheitsfront gegen den Faschismus ein, hielt Reden und schrieb viele Beiträge über die Gefahr, die vom Nationalsozialismus für Europa ausging. Er kleidet seine markigen Sprüche über das Kapital stets in ein rhetorisches Gewand und läßt keinen Zweifel daran, daß seine Position die der Kommunistischen Partei sei. In einem Zeitungsartikel schreibt er 1937, »eine starke kommunistische Partei ist die Grundvoraussetzung für eine Einheitsfront der gesamten isländischen

Arbeiterschaft«, lobt die Komintern in den höchsten Tönen und behauptet von deren Führer Dimitrow, er sei »eine der kraftvollsten Persönlichkeiten und der größte Humanist unserer Zeit« (zitiert nach Sigurdur Hroarsson: *Eina jörð veit ég eystra*).

In Island vereinigten sich der linke Flügel der sozialdemokratischen Volkspartei und die Kommunistische Partei 1938 zur Sozialistischen Partei. Sie unterhielt keine offiziellen Verbindungen zur Komintern, dennoch besetzten Sympathisanten der Machthaber in Moskau dort lange Zeit die wichtigsten Positionen. Halldór Laxness gehörte zu den Gründungsmitgliedern der Sozialistischen Partei und war jahrzehntelang ihr Mitglied, auch wenn seine aktive Teilnahme in den fünfziger Jahren sehr nachließ. In den dreißiger Jahren war seine Sowjettreue ungebrochen. Ende 1937 unternahm er erneut eine mehrmonatige Reise durch die Sowjetunion und beschrieb, was er zu sehen bekam, in dem Reisebuch *Gerska ævintýrið* (»Russisches Abenteuer«, 1938). Dieses Buch ist mit mehr Leidenschaft geschrieben als sein erstes Reisebuch über die Sowjetunion, es ist auf seine Art beeindruckend, aber auch unheimlich.

Er beginnt sein Buch damit, die »bürgerlichen Schriftsteller«, die sich von der Sowjetunion abgewandt hatten, zu schelten, allen voran André Gide; er verhöhnt die »Verräter«, die in den Moskauer Prozessen verurteilt wurden – Laxness war im Gerichtssaal anwesend, als im März 1938 das Todesurteil über Bucharin gesprochen wurde –, und er widmet sich ausführlich den großartigen Errungenschaften der Sowjetunion unter der Führung Stalins. Das Buch endet mit einem Heiligenbild Lenins: »Nicht nur zu Lebzeiten, sondern nie mehr als gerade jetzt, obwohl seine Asche vor langer Zeit zur Ruhe getragen worden ist, bleibt er der überall anwesende Geist in den großen Werken dieser mächtigen jungen Nation, die er geschaffen hat, dieser Nation, die noch heute in der Finsternis hausen würde, vergraben und vergessen in ihrem eigenen Leid, wenn er sie nicht geliebt und mehr an sie geglaubt hätte als irgendjemand je an Gott geglaubt und sein Leben für sie geopfert hat. Nicht umsonst hat man gesagt, daß Männer wie Wladimir Iljitsch Uljanow Lenin nur einmal in tausend Jahren geboren werden.«

Äußerungen dieser Art scheinen mir vom selben Glaubensfeuer angefacht zu sein wie jene, die der heißblütige junge Intellektuelle als Katholik von sich gegeben hatte. Er war keineswegs der einzige linksgerichtete Schriftsteller der westlichen Welt, der in diesen Jahren Stalin unterstützte. Bereits als junger Mann gehörte er zu den Menschen, die ein starkes Bedürfnis nach großen, dauerhaften Werten und wehrhaften Theoriegebäuden haben. Aber das Buch ist nicht zuletzt deshalb so problematisch, weil hier ein Propagandist am Werke ist, viel gerissener als in seiner Jugend, und ein Mann, der nicht die ganze Wahrheit sagt, wie sich später, 1963, in den Memoiren *Zeit zu schreiben* herausstellte.

Das bekannteste Beispiel dazu ist die Geschichte von Vera Hertzsch: Halldór Laxness hatte während seiner Zeit in Moskau Kontakt zu der deutschen Kommunistin Vera Hertzsch, die dort im Exil lebte. Sie arbeitete als Journalistin für die in Moskau erscheinende deutsche Zeitung *DZZ*, und sie war die Geliebte eines isländischen Kommunisten, der sich vorübergehend in Moskau aufgehalten hatte; sie bekam ein Kind von ihm. Er war ein Bekannter von Laxness, ein Ökonom namens Benjamin Eiriksson, und er hatte Laxness gebeten, mit Vera Hertzsch Kontakt aufzunehmen, da er selber inzwischen zurück auf Island war. Dies tut Laxness, sie scheinen sich in Moskau mehrere Male getroffen zu haben. In *Zeit zu schreiben* schildert Laxness nun, daß er gerade anwesend war, als die Geheimpolizei 1938 bei Vera Hertzsch erschien, um sie zu verhaften und ihr das Kind zu nehmen. Laxness selbst wird nach Überprüfung seiner Papiere entlassen, aber er erfährt nichts über den Verbleib von Vera Hertzsch. Viel später tauchten Informationen des Russischen Roten Kreuzes auf, die zeigen, daß sie 1943 in einem Straflager gestorben war. Von ihrem Kind hat man nie wieder etwas gehört. Zweifellos war sich Laxness bewußt, welches Schicksal Vera Hertzsch erwartete, aber erst ein Vierteljahrhundert später beschloß er, öffentlich darüber zu sprechen – wie von vielem anderen, das er auf dieser Reise zu Gesicht bekam. Seinen Freunden gegenüber begründete er sein Schweigen in diesen Jahren mit der vom Nationalsozialismus ausgehenden Gefahr.

Laxness kehrte im Frühjahr 1938 aus der Sowjetunion nach Kopenhagen zurück, mit dem Manuskript des »Russischen Abenteuers« im Gepäck, und er diskutierte dessen Inhalt ausführlich mit seinem Freund, dem Philologen Jakob Benediktsson, der es für eine 1939 erschienene dänische Ausgabe übersetzte. Jakob Benediktsson äußerte dem Verfasser dieses Buchs gegenüber später, daß Laxness vieles in der Sowjetunion nicht geheuer gewesen war, die allgemeinen Lebensbedingungen, die Einstellung zur Kunst, die plötzlichen Verhaftungen von Menschen und die Durchführung der Prozesse, aber er habe gesagt, die Sowjetunion sei die einzige Hoffnung Europas gegen den aufstrebenden Nationalsozialismus und müsse von den Linken bedingungslos verteidigt werden, um nicht den Widerstand gegen die Nazis zu schwächen (dies bestätigt auch Erik Sønderholm: *Halldór Laxness*).

Die Schwächen dieser geradezu klassischen Argumentation liegen auf der Hand. Selbst wenn es Laxness' ehrliche Meinung war, sollte man aber nicht vergessen, daß er sich diesmal so lange in der Sowjetunion aufhielt, weil er seine Bücher dort verlegen lassen wollte. Im Grunde war seine Haltung hier auch nicht viel anders als seine Einstellung zur katholischen Kirche, nachdem er ihr beigetreten war. Der dänische Literat Sønderholm schreibt, Laxness' Einstellung zur Sowjetunion sei »jesuitisch« gewesen. Aber obwohl Laxness in seinen Artikeln und Reden dieser Zeit als Hardliner auftritt, hat man den Eindruck, all seine unausgesprochenen Zweifel seien in sein poetisches Werk eingeflossen, so als ob er sie in dieser Form habe verarbeiten müssen.

Die einzigen Vorbehalte gegenüber der offiziellen Linie der Sowjetunion, die im »Russischen Abenteuer« zu finden sind, beziehen sich auf die Einstellung der Sowjets zu den schönen Künsten, ein Thema, dem Laxness nicht nur als Schriftsteller, sondern auch wegen seines kulturpolitischen Engagements in den dreißiger Jahren nahestand. Er schloß sich einer starken Schriftstellergruppe in Island an, die sich zunächst »Verein revolutionärer Schriftsteller« nannte und 1935 mit der Herausgabe der Jahreszeitschrift *Rauðir Pennar* (»Rote Federn«) begann. Darin waren Artikel und Geschichten der wichtigsten radikalen Autoren Islands zu finden, aber auch Übersetzungen von Autoren wie Anna Seghers, Maxim Gorki, Nordahl Grieg und Bertolt Brecht. Der Führer der isländischen Linksintellektuellen, Kristinn E. Andresson, schrieb einen Leitartikel, in dem er die neue literarische Strömung der Arbeiterbewegung, den Sozialistischen Realismus, verkündete.

Auch Laxness verfaßte viele Artikel für den ersten Jahrgang dieser Zeitschrift, darunter eine äußerst kritische Abhandlung unter dem Titel »Bürgerliche Literatur«, in der er Werke zeitgenössischer Autoren wie Karen Blixen, Thomas Mann *(Der Zauberberg)* und Johannes V. Jensen bespricht und seine Schlußfolgerungen mit den Worten zusammenfaßt: »Das ist also das Asyl des

Bürgers in der zeitgenössischen Literatur: Sich aus dem lebendigen Leben zurückzuziehen und sich mit pessimistischer Miene in irgendeinem ›Vergnügungsdampfer‹ (oder Tuberkuloseheim, oder schmucken Kämmerchen) einzuquartieren, seinen Nabel anzustarren und sich über die Haltlosigkeit von allem und jedem zu empören; und darauf zu warten, daß der Dampfer sinkt. Alle Verbindungen zum Leben der Menschen sind abgebrochen und zugleich jede moralische Lebensgrundlage verschwunden. Zurück bleibt schmerzvoller Lebensüberdruß, der zu Lebenshaß führt.«

Diese Analyse erscheint vom heutigen Standpunkt aus nicht sehr scharfsinnig, sagt aber einiges über Laxness' Einstellung zu seinen eigenen Werken der dreißiger Jahre aus. Natürlich wollte er moderne Literatur schreiben, aber sie sollte ihre Wurzeln im Leben der Menschen haben und sie als Lektüre wieder erreichen. Auch wenn diese Worte das Literaturverständnis von Laxness charakterisieren: Es muß betont werden, daß er nie ein Vertreter des Sozialistischen Realismus wurde und vor einem solchen Irrweg in der Sowjetunion warnte. Seine Einstellung zur Kunst und Ästhetik war liberaler als die vieler politischer Genossen. In einem Artikel, den er 1933 über einen Gedichtband des isländischen Ästhetikers Tomas Gudmundsson schrieb (den man mit gutem Recht zu den »bürgerlichen Dichtern« zählen konnte), ist zu lesen: »Die Schönheit ist ein selbständiges Element, sie ist ein Ziel. Darüber hingegen läßt sich streiten, ob sich viele oder wenige an schönen Dingen erfreuen können sollen.« *(Dagleið á fjöllum)*

Der Kampf der radikalen isländischen Intelligenz verlagerte sich im Laufe der dreißiger Jahre immer mehr in diese Richtung. Die »Roten Federn« erschienen viermal, 1937 gründete dieselbe Gruppe den Bokmenntafelagid Mal og menning, zu deutsch »Literaturgesellschaft Sprache und Kultur«, eine Art Verlag und Buchklub mit dem Ziel, gute Literatur zu niedrigen Preisen einer breiten Leserschaft zu vermitteln. Halldór Laxness saß fast ein halbes Jahrhundert lang im Vorstand von Mal og menning und war zu Beginn sehr um die Gesellschaft bemüht, auch wenn er seine eigenen Bücher bald in einem Privatverlag veröffentlichte. Bei Mal og menning erschien 1941 seine Übersetzung von *In einem andern Land* von Ernest Hemingway, eines seiner Lieblingsbücher. Die Literaturgesellschaft fand guten Anklang und zählte zehn Jahre nach ihrer Gründung fast 7000 Mitglieder; sie hatte damals auch mit der

Herausgabe einer Zeitschrift für Kultur und Gesellschaft begonnen, in der Laxness zeitlebens zahlreiche Artikel veröffentlichte.

Die Unternehmungslust von Laxness in der zweiten Hälfte der dreißiger Jahre ist enorm. 1938 ist er wieder auf Reisen, verbringt unter anderem den November in Paris, wo eine Präsentation seiner Werke stattfindet; 1939 erscheint der erste Teil von *Salka Valka* auf französisch. Dann kehrt er nach Island zurück, die Kriegsjahre verbringt er dort. Obwohl er so unternehmungsfreudig ist, schreibt er in dieser Zeit eines seiner Hauptwerke: *Weltlicht (Heimsljós)*. Es scheint, als habe ihn in den dreißiger Jahren alles, äußere wie innere Umstände, zu großen Werken inspiriert, die Niederlage bei der Filmindustrie in den USA, die Liebe und die Ehe, die tiefe Überzeugung von der Zukunft des Sozialismus, das Interesse am gesellschaftlichen Fortschritt in Island, der Wille, am internationalen Kampf gegen den Faschismus teilzunehmen, und sein ungeheurer literarischer Ehrgeiz, der in seinem letzten großen sozialen Roman hervorbrach. In ihm schlägt er einen ähnlichen Weg ein wie in den Büchern zuvor: Er erfindet einen armen Dichter in einer der abgeschiedensten Gegenden Islands, um über die Rolle des Dichters in der Welt zu schreiben.

»Wo der Gletscher aufragt, hört das Land auf, irdisch zu sein, und die Erde hat Anteil am Himmel, dort wohnen keine Sorgen mehr, und deshalb ist die Freude nicht nötig, dort herrscht allein die Schönheit, über jede Forderung erhaben.« Dieser Satz zu Beginn des vierten Teils von *Weltlicht* mit dem Titel »Die Schönheit des Himmels« ist eine der bekanntesten Stellen des Werks. Er faßt den roten Faden des Buchs zusammen: die Sehnsucht nach Schönheit. Es gibt eine Schönheit, die das menschliche Leben überragt, und der Mensch strebt dorthin, wo keine Sorgen mehr sind; am Ende des Buches geht Olafur Karason, die Hauptfigur, auf einen Gletscher, sein Gang wird zum Symbol für den Wunsch, Anteil an der Schönheit zu erwerben, unterstreicht aber zugleich, daß die Schönheit nicht hier auf Erden zu finden und eigentlich ganz unwirklich ist. Der Mensch findet in ihr ein Ziel, das er niemals erreichen kann, von dem er dennoch immer träumen wird.

Weltlicht erschien in vier Bänden in den vier Jahren 1937 bis 1940. Der erste Teil hieß zunächst »Das Licht der Welt«, später »Der Klang der Offenbarung des Göttlichen«, dann folgten »Das Schloß des Sommerlandes«, »Das Haus des Dichters« und schließlich »Die Schönheit des Himmels«. Es ist eine Zeit gewaltiger Umbrüche in Europa, und Laxness, der große Gesellschaftskritiker, schreibt ein Buch über die Suche eines Dichters und Gemeindepfleglings nach Schönheit in einer gottverlassenen Gegend Islands. Das hat auf den ersten Blick nichts mit der großen Welt zu tun. Warum tut er es dennoch?

Zunächst ist festzuhalten, daß es für Olafur Karason, die Hauptfigur von *Weltlicht*, ein reales Vorbild gab, einen Volksdichter aus dem Nordwesten Islands mit Namen Magnus Hjaltason Magnusson (1873-1916). Magnus wurde als kleiner Junge auf einem Hof bei fremden Leuten untergebracht und verbrachte beinahe sein ganzes Leben meist unter ärmlichsten Verhältnissen in den Westfjorden Islands. Im ersten Teil seines Werks folgt Laxness ziemlich genau Magnus' Biographie, geht dann aber immer mehr seiner eigenen Wege, wenn er auch weiterhin Ereignisse aus dem Leben des Dichters verarbeitet: etwa die Episode vom Tod eines Kindes, der Magnus zwingt, zu Weihnachten den weiten Weg ins Dorf zurückzulegen, um einen Sarg zu besorgen, oder die Zeit, da er Lehrer in einem winzigen Dorf ist und von Haus zu Haus geht, um Torf zu kaufen, damit er die Schulstube heizen kann.

Magnus wie Olafur waren, was man heute Sexualstraftäter nennt. Magnus wurde 1911 wegen Geschlechtsverkehrs mit einem minderjährigen Mädchen zu einer Gefängnisstrafe verurteilt – eine Episode, die Laxness aufgreift. Auf einen Gletscher wie Olafur Karason ging Magnus allerdings nicht, er starb nach langer Krankheit. Sein Leben bietet wahrhaftig Stoff für einen Roman, aber das war es nicht, was Laxness so an ihm beschäftigte. Es war die Tatsache, daß er trotz seines unglücklichen Lebens, der entsetzlichen Armut und des persönlichen Leids ständig schrieb. Er verfaßte rund 11 000 Gedichte, schrieb eine Autobiographie und führte beinahe ein Vierteljahrhundert lang Tagebuch, das insgesamt 4 350 Seiten umfaßt. Das Tagebuch ist ein Fundus für Informationen über sein Leben und die Gesellschaft in den Westfjorden, enthält aber auch akribische Beobachtungen über das Wetter. In ihm findet man viele kraftvolle stilistische Wendungen, die Laxness sich zu eigen machte. Am meisten aber faszinierte Halldór Laxness diese unbezwingbare Leidenschaft zu schreiben, dieser Drang, der Literatur stets den ersten Platz in seinem Leben zu geben. Und für einen Roman, der sich mehr als alles andere um die Stellung des Dichters in unsicheren Zeiten dreht, mußte Magnus einen faszinierenden Stoff abgegeben haben.

Die Einsamkeit, gepaart mit der Sehnsucht nach etwas besserem als diesem Erdenleben, bildet die emotionale Grundlage im ersten Teil von *Weltlicht*. Es ist die Kindheitsgeschichte eines Adoptivkindes, das von Beginn an das Bewußtsein hat, »er ist nicht Teil von etwas, sondern steht außerhalb«. Zugleich wird klar, daß der Junge keine Tatkraft besitzt, Laxness schreibt während der Vorarbeiten in sein Notizbuch: »Erstes Buch: Die Kindheit lähmt ihn und macht ihn unfähig, irgendwelche inhaltliche Stellung zu beziehen.« Aber Olafur träumt von Trost und einem besseren Leben, ein Traum, der von Büchern und Dichtung genährt wird. Als Kind hatte er ein altes Buch an sich genommen und es lange unter seinem Hemd versteckt: »Oft juckte es ihn dort, wo er das Buch am Herzen trug, doch das machte nichts. Es war ein Geheimnis, ein solches Buch zu besitzen, es war im Grunde eine Art Zufluchtsort, auch wenn man nicht wußte, was in dem Buch stand.« Es gehört zur ironischen Konzeption des Werks, daß sich diese Träume in der Fortsetzung an den alten Abenteuergeschichten in Johann Gottfried Schnabels *Die Insel Felsenburg* entzünden, die Mitte des 19. Jahrhunderts ins Isländische übersetzt wurden. Später lernt Olafur weitere Literatur kennen, und sie berührt sein Herz mit Schönheit und Trauer. Das ist ein zentrales Element im Literaturerlebnis Olafurs: Sie erweckt in ihm die Vorstellung von einer besseren und erhabeneren Welt, bereitet ihm aber zugleich Schmerz, weil sie ihm die Schrecklichkeit der Welt vor Augen führt, in der er gefangen ist.

Was aber ist diese erhabene Welt, deren Vorstellung uns in Laxness' Werk erneut begegnet? Ist es die Welt des Göttlichen? Olafur Karason ist tatsächlich eine Art Jesus-Figur, wie aus der Wendung »das Licht der Welt«, seiner Vorstellung von »einem unsichtbaren Freund« und seiner gesamten Leidensgeschichte hervorgeht. Oder ist es die Welt der Schönheit als »selbständiges Element«, wie sie im Buch zur Sprache kommt? Laxness macht viele Andeutungen, vermeidet es aber geschickt, die Frage eindeutig zu beantworten.

Das erste Buch spielt sich auf sehr engem Raum ab, ist zumeist in der Dachkammer des Hofes angesiedelt, wo der Gemeindepflegling Olafur Karason untergebracht ist, während wir im zweiten Buch die Gesellschaft in Form des Dorfes Svidinsvik kennenlernen. Sie eröffnet sich uns langsam aus Olafurs

Perspektive, mit der der Autor freilich auch manchmal seinen Spott treibt. Langsam wird deutlich, daß es sich um eine Gesellschaft des 20. Jahrhunderts handelt – es gibt Telefon, technischen Fortschritt, Unternehmertum und politische Betätigung –, die Entsprechungen zur Politik Islands in den dreißiger Jahren hat.

Svidinsvik mag an Oseyri aus *Salka Valka* erinnern, und auch hier gibt es einen Mann wie Bogesen, der alle Fäden in der Hand hält. Petur Palsson könnte einem Chaplin-Film entstiegen sein, er gehört in all seiner beispiellosen Bärbeißigkeit und Überheblichkeit zu den unvergeßlichen Charakteren Laxness'. Er ist nicht nur der skrupellose Herr im Dorf, sondern auch eine Karikatur des Isländers, der immer alles zugleich zu sein versucht und daher ein großartiger Pfuscher auf allen Ebenen ist. »Willst du mein Dichter sein?«, fragt er Olafur. Er hätschelt oder unterdrückt ihn, wie es ihm gerade paßt.

Die Diskussion über Literatur wird differenzierter, als Olafur Örn Ulfar kennenlernt, eine Art »Rote Feder« und ein Vertreter derer, die meinen, daß Literatur vor allem die Arbeiterbewegung unterstützen müsse. Er sagt zu Olafur: »Die Schönheit und das Menschenleben sind zwei Liebende, die sich nicht treffen dürfen.« Zwischen Örn und Olafur findet der zeitgenössische Disput der radikalen Autoren statt, und es scheint, als ergreife Laxness, der in seinen Artikeln selbst oft die Position Örns verteidigt hat, in *Weltlicht* die Gelegenheit, Männern wie Olafur das Wort zu geben. So fragt Olafur Örn, als sie bei einem sterbenden Kind Wache halten: »Hast du nie daran gedacht, daß man für Gerechtigkeit kämpfen kann, bis es keinen Menschen mehr auf Erden gibt?« In diesem Teil lernt Olafur die Schönheit auch in Form der Liebe kennen, in der lebendigen Gestalt einer jungen Frau.

Im dritten Teil haben seine Gutherzigkeit und seine Scheu, jemanden zu verletzen, Olafur so weit gebracht, daß er mit einer unter Epilepsie leidenden Frau zusammenlebt, die er nicht liebt, sondern fürchtet, und er hat begonnen, sein dichterisches Talent pragmatisch zu nutzen: »Er verfaßte Liebesgedichte und Heiratsanträge in Versen. (...) Darüber hinaus dichtete er für die Leute auch Glückwunschgedichte, Geburtstagsgedichte, Hochzeitsgedichte und Nachrufe.« Über ihn heißt es, er sei »die einzige Zentrale und Schalttafel für die Gefühle hier auf der Besitzung«. Aber der Klassenkampf, der Konflikt im Dorf zwischen dem schuftenden Volk und Petur Palsson, genannt »Dreiroß«, zwingen ihn allmählich, Stellung zu beziehen, machen es ihm unmöglich, seine bequeme Position zu halten. Schließlich hält er eine Rede vor den Arbeitern von Svidinsvik, die oft als Laxness' Manifest zur Rolle der Literatur in seiner Zeit gelesen wurde. Hier schildert Olafur, daß er nie etwas anderes als Dichter habe werden wollen, nie an etwas anderes gedacht habe, und fügt dann hinzu:

»Es ist nun einmal so, daß es viel schwieriger ist, ein Dichter zu sein und über die Welt zu schreiben, als ein Mensch zu sein und in der Welt zu leben. Ihr schleppt Steine für einen Hungerlohn, und Diebe haben euch euren Lebensunterhalt gestohlen, aber der Dichter ist das Gefühl der Welt, und im Dichter leiden alle anderen Menschen. Zieh aus des Pferdehufs, o Herr, verfluchter Welt die Nägel klein, heißt es in einem alten Kirchenlied. Der Dichter ist der Nerv in diesem Pferdehuf, und der Dichter kann nicht durch einen einzelnen Glücksfall, wie höheren Lohn oder besseren Fischfang, von diesem Schmerz geheilt werden, sondern nur durch eine bessere Welt. An dem Tag, an dem die Welt gut geworden ist, hört der Dichter auf, Schmerz zu empfinden, aber nicht eher. Und gleichzeitig hört er auch auf, Dichter zu sein.«

Angesichts dieser Rede ahnt man, warum Laxness die Geschichte Magnus Hjaltasons aufgriff, um über die Rolle der Literatur in gefährlichen Zeiten zu schreiben. Tatsächlich ist es dieselbe Theorie, die in *Sein eigener Herr* zum Ausdruck kommt, wo vom »Mitleid mit Asta Sollilja auf Erden« die Rede ist. Laxness hat den Disput seiner Zeit im Sinn: Sollen Schriftsteller im Kampf der streitenden Mächte Stellung beziehen, ist es ihre Pflicht, die Dichtung in den Dienst der Sache zu stellen? Laxness bezog, wie gezeigt wurde, in politischen Streitfragen selbst eindeutig Position, nicht aber in seinen dichterischen Werken, sie wurden vom Mitgefühl getragen, das daraus entspringt, »das Gefühl der Welt« zu sein. Es ist bemerkenswert, daß der dritte Teil von *Weltlicht* zu genau der Zeit in der Sowjetunion entstand wie das »Russische Abenteuer«.

Laxness gibt Olafur eine Stimme, ist aber zugleich darauf bedacht, ihn nicht zu eloquent zu machen. Der Leser kann sich niemals sicher sein, ob er sich dem Klassenkampf aus politischer Überzeugung widmet oder weil er in ein Mädchen verliebt ist. Einmal mehr streuen die Dichtung und die Liebe

Salz in die Wunde seines Gefühlslebens, und einmal mehr ist die Liebe der Verlierer, weil er sich nicht entschließen kann, die epileptische Frau eines anderen Mädchens wegen zu verlassen, das ihn verzaubert hat.

Der vierte Teil nimmt eine Sonderstellung ein, denn er markiert den Weg des Werks aus der gesellschaftskritischen Epik hinaus ins Lyrische, der Handlungsablauf wird nebulös, stilisierte Schilderungen und Stimmungen treten vermehrt hervor, der Autor hat keine Scheu mehr, den Rahmen des Realistischen zu verlassen. So war dieser Abschnitt auch stets angelegt: »Während der Reinschrift der Schönheit [letzter Teil von *Weltlicht*] viel Lyrik lesen. Hölderlin, Stefan George, Verlaine, Baudelaire – schöne Bilder übersetzen und sie islandisiert verwenden«, schrieb Laxness in ein Notizbuch. Und in ein anderes: »die letzten Kapitel des Werkes sind Lyrik, die wie zauberhafter Wahnsinn auf den Leser wirkt.«

Im letzten Teil erreicht Olafurs Sehnsucht nach Schönheit ihren Höhepunkt. Laxness setzt zahlreiche lyrische Bilder und Stilmittel ein, um sie einzufangen. Die Sehnsucht gilt auch einem jungen Mädchen, das noch weiter von Olafur entfernt ist als die früheren Frauen in seinem Leben. Sie ist eine Art Traumbild, das er stets mit der Sonne verbindet, weil sie in einem Brief geschrieben hatte, er solle an sie denken, wenn viel Sonnenschein um ihn sei. Aber dieses Mädchen ist ein Symbol der Schönheit, das für ihn unnahbar ist und Schmerz verursacht. Die Schönheit entdeckt zu haben, »das ist zugleich das Verbrechen, das nicht gesühnt, der Schmerz, der nicht gelindert, und die Träne, die nicht getrocknet werden kann«. Am Ende geht Olafur Karason auf den Gletscher, um seine Liebe zu finden, wenn die Sonne ihren Mittagsstand über dem Eis erreicht.

Dieser Gang findet am Ostersonntag statt, der Bezug zur Auferstehung Christi liegt auf der Hand, und doch ist *Weltlicht* kein religiöses Buch. Die Gesellschaftsanalyse spielt keine geringere Rolle als Olafurs Sehnsucht, und das Auseinanderdriften dieser beiden Bereiche ist das tragische Element der Geschichte. Olafur Karason geht auf den Gletscher, weil er nicht schlecht genug für diese Welt ist. Eine Frau sagt zu ihm: »Man kann nie böse genug werden für diese Welt. Kein Mensch ist böse genug für diese Welt.« Dies ist eine Anspielung auf einen Song aus der *Dreigroschenoper* von Bertolt Brecht, in dem es heißt: »Denn für dieses Leben ist der Mensch nicht schlecht genug.«

Eine Zeitlang erwog Laxness, diese Worte als Motto für seinen Roman *Die Islandglocke* zu verwenden.

Über die Rolle der Literatur, die in diesem Werk so viel diskutiert wird, spricht Laxness in einem berührenden Gleichnis. In einem Hof unterhalb des Gletschers lebt ein bettlägeriges armes Mädchen. Sie hat einen Spiegel über ihrem Bett, in dem sie den Gletscher sehen kann, denn »der Gletscher, das ist ihr Leben«. Später taucht abermals ein Spiegel auf: Olafur Karason bemerkt, daß das Mädchen, in das er sich verliebt hat, ihren Spiegel an Bord eines Schiffes vergessen hat, auf dem sie gemeinsam unterwegs waren. »Er hatte sicher nur ein paar wenige Öre gekostet; dagegen hatte er das schönste Bild im Leben eines sterblichen Mannes gespiegelt.« Olafur macht ein Gedicht über diesen Spiegel, in dem es heißt: »In diesem Spiegel wohnt das Ein und das Alles.« Am Abend vor seinem letzten Gang kommt Olafur wieder an den Hof unterhalb des Gletschers und findet dort die Kranke weinend vor, weil sie ihren Spiegel zerbrochen hat. Er gibt ihr den Spiegel seines Mädchens und befestigt ihn am Bettpfosten. »Wenn sie aufwacht, sieht sie, wie die Sonne über dem Gletscher aufgeht, sagte er.« Vielleicht ist das eine Fabel über die Dichtung: Sie ist nicht die Schönheit selbst, aber ihr Spiegel. Die Schönheit hat keine Wohnstatt im Leben der Menschen, aber sie erscheint in diesem Spiegel. Es ist die Rolle des Dichters, diesen Spiegel aufzubewahren und ihn den Ärmsten zu reichen.

Halldór Laxness war sehr darauf bedacht, solche Symbolik nicht aufzulösen. Mit *Weltlicht* entfernt er sich von seinen wortreichen Jugendwerken, er schreibt eine einfachere und klare Sprache und vermeidet Überdeutlichkeiten. Dies zeigt sich besonders, wenn man seine Manuskripte und zahlreichen Entwürfe betrachtet. Streichungen zielen darauf ab, zu vereinfachen und zu kürzen, aber in den Wörtern müssen dennoch die wichtigsten Themen des Werks widerhallen, die Kindheit, die Liebe, die Sonne und der ergreifende Gang Olafurs vom Strand hinauf zum Berg, auf dem Weg zu jener Schönheit, die nie stirbt, aber stets Traurigkeit verursacht. So schließt das Buch: »Als Kind hatte er in Ljosavik am Strand gestanden und dem Spiel der Wellen zugesehen, doch nun wanderte er immer weiter weg vom Meer. Denk an mich, wenn du viel Sonnenschein um dich hast. Bald scheint die Sonne des Auferstehungstages über den hellen Wegen, wo sie ihren Dichter erwartet. Und die Schönheit wird allein herrschen.«

Die glücklichen Krieger – Vom heißen zum Kalten Krieg

Rückbesinnung auf die isländische Tradition
1940 bis 1955

Am 10. Mai 1940 betrat die britische Armee isländischen Boden, die Besetzung des Landes veränderte die gesamte Gesellschaftsstruktur grundlegend. Bis dahin hatte sich die isländische Regierung den Kriegsmächten gegenüber neutral verhalten und sich auf die Neutralitätserklärung berufen, die im Zuge der Selbständigkeit 1918 abgegeben worden war. Die Regierung legte formell Protest gegen die britische Besatzung ein, aber allen war bewußt, daß die Briten im Vergleich zu den Deutschen das kleinere Übel waren, daher rief die Regierung ihre Bürger dazu auf, die Soldaten als »Gäste« zu behandeln. Von einzelnen Streikaktionen abgesehen, konnte auch kaum von einem Widerstand gegen die Anwesenheit der britischen Armee gesprochen werden. 1941 wurde sie von amerikanischen Soldaten abgelöst, die auf der Grundlage eines Verteidigungsvertrags zwischen Island und den USA den Schutz des Landes für die Dauer des Krieges übernahmen.

Mit der Besetzung des Landes begann die Modernisierung der isländischen Gesellschaft erst wirklich; Geld strömte ins Land, Tausende Menschen bekamen bei der Besatzungsmacht Arbeit und noch viel mehr profitierten von Geschäften mit den Soldaten; der Zustrom der Menschen vom Land nach Reykjavík nahm drastisch zu. Die Deutschen antworteten, von einigen wenigen Luftangriffen abgesehen, mit U-Boot-Attacken gegen isländische Schiffe. Eines der einträglichsten Geschäfte der Isländer während der Kriegsjahre, der Export von Fisch nach England, kostete viele isländische Seeleute das Leben.

Halldór Laxness hatte auf Reisen vorübergehend verzichtet und war noch vor Ausbruch des Zweiten Weltkriegs nach Island zurückgekehrt, wo er sich während der gesamten Kriegszeit aufhielt. Die Auseinandersetzungen zwischen den isländischen Sozialisten und den anderen Parteien waren anfangs heftig, sie entzündeten sich am Nichtangriffspakt zwischen Hitler und Stalin und später auch am Sowjetisch-Finnischen Krieg. In beiden Fällen verteidigte

Laxness, wie die Führung der Sozialistischen Partei, die sowjetische Außenpolitik energisch, auch als dies zu zahlreichen Parteiaustritten führte. Sein politisches Engagement hatte zur Folge, daß Laxness' öffentliche Unterstützung, die er seit einiger Zeit erhielt, 1940 gekürzt wurde; er hatte dies insbesondere seinem Erzfeind Jonas Jonsson von Hrifla zu verdanken, der im Kulturbereich noch immer ein sehr einflußreicher Politiker war. Er kürzte Laxness das Stipendium von 5000 Kronen jährlich auf 1800 Kronen und rechtfertigte dies damit, daß Laxness ein Propagandist sei und über seine politischen Feinde Lügen verbreite. Es entbrannte ein langwieriger Streit zwischen dem Parlament und den linksorientierten Künstlern und Schriftstellern, die während des Kalten Krieges des öfteren solche Kürzungen hinnehmen mußten.

Nach dem Einmarsch der Wehrmacht in die Sowjetunion veränderte sich auch in Island das Verhältnis zwischen den Sozialisten und den anderen Parteien, dies schlug sich etwa in einem breiten Konsens über die Ausrufung der isländischen Republik 1944 nieder. Damit war der dänische König nicht mehr in Personalunion auch der König der Isländer – das letzte Relikt aus der Kolonialzeit war beseitigt.

Gegen Ausbruch des Kriegs endete die Ehe zwischen Halldór Laxness und Ingibjörg Einarsdottir. Sie sagt darüber: »Niemand weiß, wohin einen das Leben führt. Ich hatte mich Hals über Kopf in einen anderen Mann verliebt. Er war verheiratet und dabei, von zu Hause auszuziehen, und ich wollte mich von Halldór scheiden lassen und ihn heiraten. Ich wollte Halldór gegenüber unbedingt ehrlich sein und ihm nichts verheimlichen, und so trennten wir uns.« *(Í aðalhlutverki)* Die endgültige Trennung fand 1940 statt, aber schon einige Zeit zuvor waren Risse in ihrer Ehe aufgetreten.

Im Sommer 1939 lernte Laxness die um sechzehn Jahre jüngere Audur Sveinsdottir in einer beliebten Sommerfrische bei Laugarvatn kennen. Fünf Jahre nach dem Beginn ihrer Beziehung heirateten Halldór Laxness und Audur Sveinsdottir zu Weihnachten 1945. Sie übersiedelten damals auch in ihr neues Haus, das sie beim Felsen Gljufrasteinn in Mosfellssveit, etwa zwanzig Kilometer von Reykjavík entfernt, hatten bauen lassen. Es war ein alter Traum von Laxness gewesen, sich dort, nahe der Stelle, wo er aufgewachsen war, ein Haus zu bauen. Audur hatte anfangs Bedenken, so weit aufs Land hinaus zu ziehen, sie fürchtete die Isolation, der man dort vor allem im

Winter ausgesetzt war. In der Gegend gab es damals noch keine Stromversorgung, anfangs diente dazu ein Dieselaggregat.

Den Entschluß zum Hausbau trafen sie im Sommer 1945, und es ist bezeichnend, daß Audur für die Beaufsichtigung der Bauarbeiten zuständig war. Laxness schrieb damals in dem kleinen Fischerdorf Eyrarbakki an der *Islandglocke,* sie hatte sich um die Einrichtung und die Möbel zu kümmern. »Halldór ist selbst manchmal ein wenig hilflos, wie der Ljosvikingur [Olafur Karason in *Weltlicht*]. ›Du triffst die Entscheidungen am Bau‹, sagte er. ›Ich kann nichts anderes, als die Geldbörse öffnen‹«, berichtet Audur in ihren Memoiren. »Ich versuchte es so einzurichten, daß alle Arbeiten abgeschlossen waren, als Halldór nach Hause kam [vor Weihnachten 1945], so wichtig wie es war, daß er zum Schreiben Muße hatte.« (*Á Gljúfrasteini,* »In Gljufrasteinn«) Diese Frau war ein Glücksfall für Laxness. Als sie sich kennenlernten, arbeitete Audur als Sekretärin in einem Krankenhaus. Sie gab die Arbeit nach einigen Jahre Ehe auf und arbeitete von da an meist zu Hause. Sie führte den Haushalt, in dem später unzählige Gäste ein und aus gingen, und kümmerte sich um ihre beiden Töchter Sigridur (geboren 1951) und Gudny (geboren 1954). Mit der Zeit wurde sie auch zur Sekretärin ihres Mannes und tippte seine Werke ab. Die Stabilität, die mit Audur in Laxness' Leben getreten war, ermöglichte es ihm, nach dem Krieg seine Reisegewohnheiten wieder aufzunehmen; er hielt sich von da an, solange seine Gesundheit es erlaubte, jedes Jahr lange Zeit im Ausland auf.

Laxness' Hauptwerk der Kriegsjahre war *Die Islandglocke (Íslandsklukkan),* das 1943–46 in drei Bänden erschien. Der Roman ist das Ergebnis jener Rückbesinnung auf die traditionellen Werte, die ihn zu Beginn des Krieges und seit der Besetzung Islands so beschäftigt hatte. Als junger Schriftsteller hatte er sich stets einen Spaß daraus gemacht, die Sagas, die Werke von Snorri Sturluson und das in der Tat einzigartige literarische Erbe des Mittelalters als Humbug abzutun. Die Auflehnung gegen dieses Erbe war für Laxness genauso wichtig wie sein Widerstand gegen die Glorifizierung des Landlebens und jegliche Vorzeitromantik. Im Laufe der dreißiger Jahre aber begann sich Laxness ernsthafter mit der altisländischen Literatur zu beschäftigen. Kaum hatte er seinen Blick auf das Erbe der Isländer gerichtet, verspürte er den Drang, sein Volk an seinem neuen Interesse Anteil nehmen zu lassen; 1941 begann er mit der

Edition von Isländersagas in moderner Orthographie, der erste Band erschien im November.

Das ist durchaus aufregender, als es auf den ersten Blick scheint, denn damals folgten sämtliche Ausgaben der Sagas der sogenannten standardisierten alten Orthographie, die im 19. Jahrhundert Philologen konstruiert hatten. Großer Widerstand erhob sich gegen dieses Vorhaben im isländischen Parlament. Im Schnellverfahren wurde ein äußerst merkwürdiges Gesetz verabschiedet, das eine Edition der Sagas in moderner Orthographie verbot und das ganze Unternehmen stoppen sollte. Es kam zu einem Wettlauf mit der Zeit, die Edition war plötzlich zu einem nationalen Streitthema geworden. In der Ankündigung der *Laxdælasaga* erschien ein Bild von Laxness samt folgendem Text: »Eine neue Welle der nationalen Begeisterung ist in unserer Jugend erwacht, unterstützt sie, indem ihr neues Leben in das halberloschene Feuer der mittelalterlichen Literatur blast.« Und Laxness schrieb im Vorwort zur Saga: »Ich betrachte es als eine Sache der nationalen Unabhängigkeit, dem Volk die Wahrheit einzutrichtern, daß die Sprache unserer alten Literatur im Wesentlichen die ist, die wir noch heute gebrauchen.« Laxness und seine Mitarbeiter wurden vor Gericht gestellt und mit Bußgeldern belegt. Sie legten Berufung ein, später wurden die Herausgeber im eigenartigsten Prozeß um die Pressefreiheit in Island vom höchsten Gericht freigesprochen. Laxness aber erwies sich als vorausblickend, heute erscheinen die Leseausgaben der Sagas durchweg in moderner Orthographie.

Die Islandglocke ist ein deutliches Zeugnis für das »nationale Erwachen« des Halldór Laxness. Im Entstehungsprozeß des Werkes kann man die zunehmende Bedeutung des nationalen Elements verfolgen. Der Grund dafür war offensichtlich: Die Besetzung Islands und die spätere Ausrufung der Republik verlangten erneut nach einer Diskussion über die Identität der Isländer. Auf welcher kulturellen Basis sollten sie ihre junge Republik errichten, wie konnten sie ihre Selbständigkeit bewahren, nachdem 50 000 Soldaten in das Land ohne eigenes Militär gekommen waren? Laxness sagte 1976 in einem Fernsehinterview, die Isländer seien während der Kriegsjahre in eine Position geraten, in der Patriotismus eine große Rolle spielen mußte, und darin hatte er auch sich selbst wiedergefunden. Er hielt sich freilich fern aller chauvinistischen Theorien von nationaler Kunst, oder wie er in einem Aufsatz von 1942 formulierte: »Manchmal erheben sich Keifer und meinen, die Dichter sollten national und nicht international sein. Hier ist aber nicht die Frage, was richtig ist, denn Tatsache ist, daß alle anständigen Dichter national und international zugleich sind. Auf der anderen Seite gibt es keine Dichter, die national und nur national sind, wie die Faschisten behaupten, und das aus dem einfachen Grund, weil es keine Menschen gibt, die man national und nur national nennen könnte. (...) Der Mensch ist, ganz sicher heutzutage, zumindest so international wie die Vögel. Die menschliche Entwicklung geht in Richtung einer wachsenden Co-Nationalität. (...) Ein gutes Buch, das in China geschrieben wird, ist für Island geschrieben.« (*Vettvangur dagsins*, »Kampfplatz des Tages«)

Laxness' Interesse an alter isländischer Literatur ist dennoch nicht nur in einem nationalistischen Gefühl begründet, es hat nicht weniger mit seiner Suche nach einer neuen Erzählweise zu tun. Schon in *Sein eigener Herr* entfernt er sich vom wortreichen Stil von *Der große Weber von Kaschmir* und *Salka Valka*, und im Manuskript von *Weltlicht* notiert er einige Motti, die offensichtlich als Mahnung an sich selbst gerichtet sind: »Aus einer englischen Kritik: He overwrites and overexplains«, steht dort, gleichzeitig schreibt er dreimal auf Deutsch das Wort »Schlichtheit«. Sein eigenes Motto formuliert er auf der ersten Seite des Manuskripts: »Immer ohne Erklärungen, einfach und klar, schlicht, als ob alles leicht verständlich wäre, gerade um das Seltene und Wertvolle zu unterstreichen.« Es sind diese Gedanken, die ihn beim Schreiben von *Weltlicht* beschäftigten, aber er hält sich nur bedingt daran. Sie liegen ihm und seinem Stoff damals nicht immer, und er verlagert im letzten Band das Hauptgewicht auf einen lyrischen Erzählstil, dem man sonst nur selten bei Laxness begegnet.

Als er aber an der *Islandglocke* arbeitet, ist er entschlossen, ökonomisch vorzugehen und die Rolle des Erzählers zurückzunehmen. Während er am dritten Band der *Islandglocke* schreibt, notiert er: »Die Notwendigkeit, das Altweiberherz auszureißen – die Empfindsamkeit, die Sentimentalität, die den heute gebräuchlichen isländischen Stil so durchsetzt.« Der Stil der Sagas ist durch Objektivität und Direktheit gekennzeichnet, die Figuren werden ganz von außen beschrieben, ihr Aussehen, ihre Worte und Taten; ihre Gedanken hingegen und ihr Gefühlsleben lernt der Leser nur vermittelt kennen. Eine solche Annäherung an die Figuren hatte Laxness immer mehr angesprochen.

In einem Interview von 1944 sagte er, er versuche in *Die Islandglocke*, »die Dinge von außen anstelle von innen zu sehen« (Hallberg: *Hús skáldsins II*).

Laxness hatte längst eine Abneigung gegen psychologische Romane, und nun wurde ihm die Erzählweise der Isländersagas zum Vorbild, mit ihrer Hilfe konnte er sich vom Psychologisieren befreien. Im Interview sagte er weiter: »Romane wie die Isländersagas und die ›Islandglocke‹ könnten eher auf der Lebenseinstellung von Menschen basieren, denen eine objektive Psychologie vertrauter ist als sonst etwas. Gedanken und Gefühle werden in Gesprächen und mit körperlichen Reaktionen dargestellt, und die Dinge spielen sich nicht in irgendwelchen Seelenwinkeln ab.« Später sagte er über seine Schreibmethode bei der *Islandglocke:* »Unnötige Wortwechsel werden vermieden, es wird nie gesagt, was die Menschen denken, denn es nimmt kein Ende, wenn man bis ins einzelne beschreiben will, was alle denken, und endet mit einem Unding, das das Gegenteil von einer Geschichte ist. (...) In der ›Islandglocke‹ versuche ich mit so wenig Worten wie möglich auszudrücken, wie sich die Person in jeder Szene verhält, was sie sagt und wie sie der Welt mit ihrem Verhalten antwortet.« *(Skeggræður gegnum tíðina)*

Diese Methode der Figurencharakterisierung, selbst die stärksten Empfindungen nur im Erscheinen und in den Handlungen der Personen zu spiegeln, kann den ungeübten Leser gelegentlich befremden, die Figuren mögen ihm eindimensional oder schlicht erscheinen. Doch Laxness bleibt nur der Haltung der Sagas treu, selbst von den schaurigsten Begebenheiten mit vollkommener Unbeteiligtheit zu berichten, was den tragischen Charakter gerade unterstreicht. Jon Hreggvidsson, eine der Hauptfiguren der *Islandglocke,* bringt dies auf den Punkt, als sich die dänische Ehefrau von Arnas Arnaeus nach seinem Befinden erkundigt: »Jon Hreggvidsson antwortete hierauf, daß er noch nie im Leben ein Befinden gehabt habe, weder am Leib noch an der Seele und weder ein gutes noch ein schlechtes, sondern er sei Isländer.«

Laxness' Vorbilder finden sich aber nicht nur in den Sagas. 1941 hatte er *In einem andern Land* von Hemingway ins Isländische übersetzt. In seinem Vorwort schrieb er, die Ausdrucksweise des amerikanischen Autors sei gekennzeichnet von »jenem unbekümmerten Geist des Spiels und der Unterhaltung mitten im Elend; der kindlich aufrichtigen Ehrlichkeit, gepaart mit der kalten Rücksichtslosigkeit des Wegelagerers; der klaren und objektiven Einschätzung der Tatsachen des Realisten, obwohl alles um ihn herum in Aufruhr ist, zusammen mit einer grenzenlosen Verachtung jeder Geschwätzigkeit und Sentimentalität; zuletzt die verborgene Gewißheit, mit Angst vermischt und dennoch furchtlos, daß alles verlorengeht. Aber mehr als alles andere liegt die ergreifende Wirkung des Buches darin, wie es seinem Autor gelingt, den Begriff der Liebe ohne Unterlaß mit dem Begriff des Todes zu schärfen.«

Diese Charakterisierung gilt in mancher Hinsicht auch für Laxness' eigene Bücher dieser Zeit. Laxness hat – stets darauf bedacht, seinen Stil nicht zu imitieren – keinen anderen Romancier des 20. Jahrhunderts so geschätzt wie Hemingway. Die objektive Haltung seiner Erzählungen, die stets frei von Geschwätz sind, hat Laxness fasziniert. Persönlich kennengelernt haben sich die beiden wohl nicht, doch Audur Laxness zufolge hat Hemingway Halldór Laxness und dessen Werke gekannt und ihn gelegentlich angerufen, selten nüchtern.

Auch Laxness' Stoffe änderten sich mit der *Islandglocke*. Bislang hatte er stets einen Stoff aus der Gegenwart oder der nahen Vergangenheit aufgegriffen, aber nun begibt er sich auf geschichtliche Pfade, das Buch ist in der Zeit um 1700 angesiedelt. Sie wird für gewöhnlich als einer der erniedrigendsten Abschnitte in der isländischen Geschichte angesehen; selten hatten die Isländer mehr unter dem dänischen Kolonialismus zu leiden als in dieser Zeit des Handelsmonopols, und vieles von dem Entsetzlichen, das im Buch über Rechtsprechung und Unterdrückung zur Sprache kommt, hatte seine Entsprechung in der Realität. Es ist sogar zutreffend, daß die Dänen im 17. Jahrhundert mehrmals versucht hatten, Island zu verkaufen, auch an deutsche Kaufleute. *Die Islandglocke* erzählt von den Leiden und den abenteuerlichen Reisen des einfachen Bauern Jon Hreggvidsson, der des Mordes verdächtigt wird und Gerechtigkeit sucht; seine Wege kreuzen sich mit denen der schönen Snaefridur Islandssol und des Gelehrten Arni Arnason, und zwischen diesen beiden wiederum entwickelt sich ein kompliziertes Liebesverhältnis.

Der jahrzehntelange Prozeß des Jon Hreggvidsson beruht auf Gerichtsdokumenten, Hreggvidsson selbst hatte den Prozeß ausführlich in einem Brief an Arni Magnusson beschrieben (oder für sich schreiben lassen). Professor Jon Helgason in Kopenhagen hatte seinen Freund Laxness schon 1924 auf diese Quellen aufmerksam gemacht. Zehn Jahre später entwarf

Laxness eine erste Skizze zur Geschichte von Jon Hreggvidsson. In einem Notizbuch von 1937, als Laxness bereits an *Weltlicht* schreibt, hält er gelegentlich etwas über diesen armen Zinsbauern fest. 1942 schreibt er in einem Essay – und meint damit offensichtlich sich selbst: »Ich weiß zum Beispiel von einem Autor, der eben angefangen hat, ein Buch zu schreiben, von dem er Gott achtzehn Jahre lange gebeten hat ihn zu befreien. Der Autor fühlt sich seiner Aufgabe keineswegs gewachsen, es graut ihm vor all dem streitenden Leben, das ihm Sprache und Form abverlangt, er weigert sich, weigert sich voll und ganz, zu dieser Unheilsreise aufzubrechen – aber er hat sich nun einmal den schöpferischen Kräften des Lebens verschrieben, und die verlangen, ihn weiterhin ganz und gar zu besitzen, es gibt für ihn keine Flucht.« *(Vettvangur dagsins)*

Auch die zweite Hauptfigur des Werks, Arni Arnason oder Arnas Arnaeus, wie er im Buch meist lateinisch genannt wird, hat ein reales Vorbild. Er hieß Arni Magnusson, war ein berühmter Wissenschaftler in Kopenhagen und erwarb sich große Verdienste, indem er überall in Island Manuskripte sammelte und so die mittelalterliche Literatur des Landes vor dem Verlorengehen bewahrte. Im Roman vertritt Arni die Überzeugung, »daß alle Herrenhöfe in Island nicht viel wert sind, verglichen mit den alten isländischen Handschriften«, sie sind ihm offenbar die einzige Existenzberechtigung der Isländer. »Er sagte: Die Seele der nordischen Völker wohnt in isländischen Büchern und nicht in den Menschen, die jetzt im Norden oder in Island selbst wohnen.« Wir begegnen hier wieder einmal einem Intellektuellen, der Idealen und Büchern einen höheren Stellenwert beimißt als den Menschen.

Die dritte Hauptfigur, Snaefridur Islandssol, ist im wesentlichen eine Schöpfung des Autors. Snaefridurs Liebesbeziehung zu Arni, die sich als roter Faden durch das Werk zieht, ist erfunden. »Der Autor möchte betonen, daß das Buch kein ›historischer Roman‹ ist, sondern daß seine Personen, seine Handlung und sein Stil ausschließlich den Gesetzen des Werkes selbst gehorchen«, betonte Laxness in einer Vorrede zur Erstausgabe.

Man könnte sagen, daß jede dieser Figuren ihr eigenes Buch erhält; Jon Hreggvidsson steht im Zentrum des ersten Teils, »Die Glocke Islands«; Snaefridur Islandssol spielt die Hauptrolle im zweiten Teil »Die lichte Maid« und Arnas Arnaeus im dritten, »Feuer in Kopenhagen«. Entsprechend entwickelt sich die Thematik; der erste Teil kommt am ehesten dem nahe, was Laxness ursprünglich im Sinn hatte, das Porträt eines Individuums angesichts von Unterdrückung und Gewalt. Jon wird zum Repräsentanten des geknechteten isländischen Volkes, seine Ansichten sind geprägt vom harten Überlebenskampf und Selbsterhaltungstrieb, seine Abenteuer als Flüchtling in Holland und als dänischer Söldner sind Aufhänger für eine Kritik an Krieg und Soldatentum. Es wurde gesagt, daß Jon Hreggvidsson mit seinem grimmigen Humor gelegentlich wie ein düsterer Schwejk wirkt, und es ist belegt, daß Laxness Jaroslav Haseks Buch über die Abenteuer des braven Soldaten kannte. Vorbild für die Verteidigung des gesunden Menschenverstands im Volk gegenüber der Scheinheiligkeit der Obrigkeit könnte freilich auch Voltaires *Candide* gewesen sein, den Laxness 1945 ins Isländische übersetzte. Laxness-Biograph Peter Hallberg schrieb: »Überhaupt scheint der Geist in der Erzählung Voltaires, die erbarmungslose Bloßstellung der ideologischen Verlogenheit der Machthaber, stimulierend auf die Gesellschaftskritik in der *Islandglocke* gewirkt zu haben.« Laxness hat nicht viele Bücher übersetzt, aber seine bekanntesten Übersetzungen, die von Hemingway und Voltaire, stammen aus derselben Zeit wie die *Islandglocke* und stehen erzähltechnisch und inhaltlich mit ihr in Verbindung.

Snaefridur, genannt Islandssol (die Sonne Islands) ist das abenteuerliche und zauberische Element. In diesem sonst nicht so lyrischen Buch wird sie zur Repräsentantin des Traumartigen, erscheint sie anderen Figuren gegenüber oft als unwirklich. Immer wieder macht es den Eindruck, als stehe sie, selbst in ihrem eigenen Leben, außerhalb der elenden Verhältnisse. Aber Laxness hat sie auch stark in der alten Literatur verwurzelt; ihr Stolz ist groß, im Streit zwischen ihrem Vater und ihrem Geliebten Arni Arnason stellt sie sich auf die Seite der Sippe, wodurch die Liebesgeschichte einen tragischen Anstrich bekommt. Zuvor hatte sie einen Taugenichts und Trinker geheiratet, als klar geworden war, daß sich Arni mit einer reichen dänischen Witwe eingelassen hatte, um weiterhin Manuskripte retten zu können. Bei der Gelegenheit legt Laxness Snaefridur eine Replik in den Mund, die direkt aus den Sagas stammen könnte: »Lieber den Schlechtesten als den Zweitbesten.« So ist Snaefridur einerseits »die lichte Maid« und Elfengestalt, andererseits eine stolze Frau, die an Gudrun Osvifursdottir aus der *Laxdaela-saga* erinnert, die Laxness kurz zuvor herausgegeben hatte. Ihren berühmtesten Satz konnten alle Isländer auswendig: »Den habe ich am schlechtesten behandelt, den ich am meisten liebte.«

Snaefridur stellt Islands Ehre und Würde über alles, auch über ihr eigenes Glück. Sie verweist in einem Gespräch mit der dänischen Obrigkeit auf ein altes Eddalied, in dem vom guten Ruf die Rede ist, der niemals stirbt: »Ich frage Euer Exzellenz: Warum soll unsere Ehre vor unserem Leben ausgelöscht werden? Warum will uns der König von Dänemark nicht unseren guten Ruf lassen? (...) Unsere Dichter verfaßten Gesänge und erzählten Geschichten in der Sprache des Königs Odin von Asgard, als Europa eine Sklavensprache verwendete. Wo sind die Gedichte, wo die Sagas, die Ihr Dänen verfaßt habt? Selbst Euren alten Helden haben wir Isländer in unseren Büchern Leben gegeben. (...) Verzeiht, daß ich eine Rede halte, verzeiht, daß wir ein Volk von Geschichtenerzählern sind und nichts vergessen können.« Sie spricht hier aus, worauf sich Laxness oft berief, wenn er sich über nationale Themen äußerte, daß nämlich die Geschichten und das Gedächtnis gewissermaßen die Existenzberechtigung des kleinen Inselvolks im Norden seien, das während der langen Zeit der Erniedrigung sonst keine großen Errungenschaften vorzuweisen hatte.

Der Grobian, die stolze, bezaubernde Frau und der wankelmütige Intellektuelle: dieser Konstellation sind wir bei Laxness schon ein paar Mal begegnet, nur das Umfeld ist neu. Arnas Arnaeus, der gebildete Skeptiker und Weltbürger, ist ganz sicher nicht willensschwach wie Arnaldur in *Salka Valka,* im Gegenzug bekommt seine Geschichte eine tiefere Tragik. Er gibt die Liebe seinen Idealen preis, und später, im letzten Teil, in dem Arnas im Zentrum steht und die nationale Problematik am deutlichsten zutage tritt, läßt er Karriereaussichten seinem Nationalstolz zum Opfer fallen. Nachdem die deutschen Kaufleute Arnas gesagt hatten, ihnen sei Island zum Kauf angeboten worden und sie wollten ihn gerne zum Landvogt machen, verbringen Arnas und Snaefridur einen Abend miteinander und träumen von der Zukunft Islands. »Er sagte: In Thingvellir wird man ein stattliches Gerichtsgebäude errichten und eine neue Glocke aufhängen, die größer ist und schöner klingt als die, welche der König requirieren ließ und Jon Hreggvidsson auf Befehl des Henkers herunterschlug.

Das kalte Mondlicht, das sich im Ertränkungsgumpen spiegelt, wird nicht mehr die einzige Barmherzigkeit für arme Frauen in Island sein, sagte sie. (...)

Und die Sklavenkiste in Bessastadir wird abgeschafft, sagte er, denn in einem Land, in dem es dem Volk gutgeht, werden keine Verbrechen begangen.

Und wir reiten durch das Land auf weißen Pferden, sagte sie.«

Aber diese utopischen Träume von einer guten Gesellschaft gründen auf einer ausländischen Macht, und wahrscheinlich wissen beide Liebende längst, daß sie niemals in Erfüllung gehen werden. Arnas lehnt das Angebot der Deutschen denn auch ab. »Es gibt noch einen Grund, der es mir schwer macht, Euren Auftrag in Island anzunehmen, nämlich den, daß der, welcher das Land zum Verkauf anbietet, gar nicht sein Eigentümer ist.« Wenn die Deutschen kämen, würde es nicht lange dauern, bis sie überall im Land deutsche Festungen errichten. »Was wird dann aus jenem Volk, das berühmte Bücher geschrieben hat? Die Isländer würden bestenfalls die fetten Lakaien eines deutschen Vasallenstaates werden. Ein fetter Lakai ist kein großer Mann. Ein geprügelter Sklave ist ein großer Mann, denn in seiner Brust wohnt die Freiheit.«

Arni bleibt als desillusionierter Mann zurück und verliert später durch einen Brand in Kopenhagen einen Großteil seiner Handschriftensammlung – ein Abschnitt des Romans, der auf Tatsachen beruht. Snaefridur fährt nach Island zurück und heiratet den Freier, der all die Jahre auf sie gewartet hatte; Jon Hreggvidsson kommt mit seinem späten Freispruch in der Tasche wieder nach Thingvellir, um seine alten Freunde, die Verbrecher, zu begrüßen, und erblickt dabei in der Ferne das Ehepaar: »Jetzt konnte man hinter dem östlichen Abhang der Schlucht Pferdegetrappel hören, und als die Verbrecher hinter den Felsen vorgingen, sahen sie einen Mann und eine Frau mit vielen Pferden und einigen Knechten auf dem Weg über die Ebene davonreiten, in Richtung auf den Kaldidalur, der die Grenze zwischen den Landesteilen bildet. Beide waren dunkel gekleidet, und ihre Pferde waren alle schwarz.«

Die Islandglocke wurde zu einem außerordentlich beliebten Buch in Island, nicht zuletzt wegen des nationalen Gehalts. Laxness setzte den Stoff in ein Theaterstück um, mit dem 1950 das neugegründete Nationaltheater eröffnet wurde. Es hatte großen Erfolg, auch wenn es sich nicht um ein streng komponiertes Drama, sondern eher um »Szenen aus dem Buch« handelte. Der Roman wurde als moderne Isländersaga gelesen, wozu die Erzählweise und nicht zuletzt die kraftvollen Repliken einzelner Personen ihren Teil beitrugen. »Schlecht ist ihre Ungerechtigkeit, noch schlechter ihre Gerechtigkeit«, sagt Jon Hreggvidsson über die Behandlung seines Falls vor Gericht.

Die Islandglocke wurde in viele Sprachen übersetzt. Die Erklärung dafür ist, wie der Übersetzer Hubert Seelow in seinem Nachwort schreibt, »in ihrer literarischen Qualität zu suchen, in ihrer Sprache und ihrem Stil, in ihrem – bei aller epischen Breite und Vielschichtigkeit – klaren und straffen Aufbau, in der Lebendigkeit ihrer Personenschilderung, in der Allgemeingültigkeit der Themen. Was zunächst wie ein buntes historisches Kaleidoskop aussieht, entpuppt sich bei genauerer Lektüre als ein bis ins Detail durchkomponiertes Kunstwerk, das strengen Regeln folgt.« Der marxistische Literaturwissenschaftler Georg Lukács führte 1960 im Vorwort zur englischen Ausgabe seines großen Werks über den historischen Roman *Die Islandglocke* als wichtiges zeitgenössisches Beispiel für die Gültigkeit seiner Theorie über den historischen Realismus an.

In den ersten Jahren nach dem Krieg ging Laxness' Traum vom durchschlagenden Erfolg im Ausland in Erfüllung. Sein Verleger in Island war Ragnar Jonsson, Eigentümer des Verlags Helgafell, der ein erfolgreicher Industrieller und dadurch in der Lage war, Bucheditionen zu finanzieren. Jenseits von Island war dies nicht so einfach. Laxness selbst war hin und wieder aktiv in dieser Sache, die Verhandlungen lagen in den Händen eines dänischen Freundes, des Rechtsanwalts Hartvig Jacobsen. 1946 verlegte Alfred A. Knopf *Sein eigener Herr* in den Vereinigten Staaten. Es wurde zur ersten Wahl des Buchclubs »Book of the Month« und verkaufte sich in weniger als einem Monat gut eine halbe Million Mal – eine der größten Auflagen, die ein Buch von Laxness auf Anhieb erreichte. Es entstanden dänische, schwedische und norwegische Übersetzungen, im Laufe der fünfziger Jahre folgten zahlreiche weitere. Heute ist Laxness in über vierzig Sprachen zu lesen. Eine russische Ausgabe war zu Stalins Lebzeiten nicht erschienen, erst ab 1954 konnte er auch in der Sowjetunion gelesen werden.

Trotz des wachsenden Erfolgs im Ausland waren Laxness' Gedanken in den Jahren nach der *Islandglocke* weiterhin mit der Heimat beschäftigt. In seinem Innern behielt in diesen Jahren der Isländer gegenüber dem Weltbürger die Oberhand. In der »nationalen Problematik« hatte sich eine neue Situation

Mit König Olav von Norwegen 1974, als Island das tausendeinhundertjährige Jubiläum der Besiedlung feierte. Im Hintergrund Kirstjan Eldjarn, damaliger Präsident von Island.

Mit dem schwedischen Schriftsteller Per Olof Sundman, 1977

Halldór Laxness, Ende der siebziger Jahre

Blick in eine andere Richtung: Die Universität von Edinburgh ernannte Laxness 1977 zum Ehrendoktor. Zweiter von rechts in der hinteren Reihe ist Magnus Magnusson, Laxness' Übersetzer und bekannter Fernsehjournalist in England.

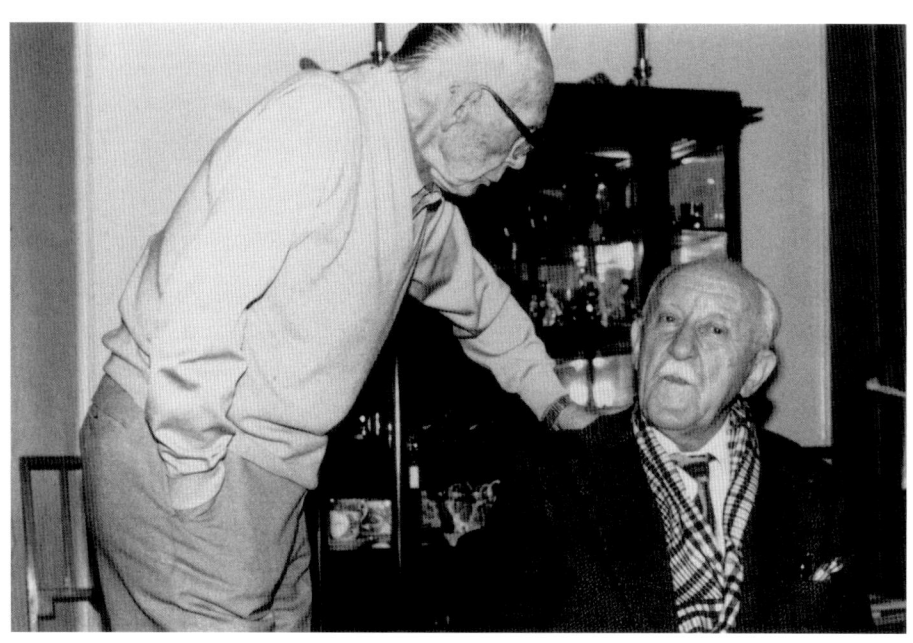

Zusammen mit seinem Freund, dem dänischen Autor Hans Hartvig Seedorff

1980 bei Gljufrasteinn mit Hund Lubbi

Ein Photo von 1980, mit der damals fast unumgänglichen Zigarre. Es gibt Fernsehinterviews aus dieser Zeit, wo sein Gesprächspartner ganz in der Zigarrenwolke verschwindet.

Offizielle Feier 1974 anlässlich des Jubiläums der Besiedlung Islands, rechts der Politiker Gunnar Thoroddsen

Sein Lachen war unvergesslich, er liebte den absurden Humor.

Mit seinem isländischen Verleger Olafur Ragnarsson, in den späten achtziger Jahren.
Olafur kaufte Laxness' alten Verlag Helgafell. Er wurde sein Verleger und Freund
in seiner letzten Lebensphase.

Mit seinem deutschen Verleger Gerhard Steidl. Nach dem Krieg war
Laxness in Westdeutschland zuerst bei Suhrkamp, dann bei Rowohlt. Die besten Übersetzungen
erschienen beim Aufbau Verlag im Osten. Erst in den späten achtziger Jahren, als Steidl die
deutschen Rechte übernahm, kam er wieder auf festen Boden in Deutschland.

Links der Laxness-Übersetzer und Herausgeber Hubert Seelow, der zusammen mit Gerhard Steidl für Laxness' deutsche Werkausgabe verantwortlich ist. Seelows erste Übersetzung eines Laxness-Romans, *Der große Weber von Kaschmir*, erschien 1988.

Laxness mit Sarah Kirsch

Widmungsexemplar für Professor Jürgen Manthey, der zusammen mit Professor Hubert Seelow das Werk des Nobelpreisträgers zum Steidl Verlag brachte.

Laxness signiert druckfrische Bücher. Jürgen Manthey, Hubert Seelow, Gerhard Steidl und Sarah Kirsch haben den ersten Band der deutschen Werkausgabe, den *Großen Weber von Kaschmir,* 1988 persönlich nach Gljufrasteinn gebracht.

Bei der Kaffeepause nach der Signierstunde

Audur, seine Frau und treue Begleiterin über mehr als ein halbes Jahrhundert

Audur und Halldór Laxness vor ihrem Haus in Gljufrasteinn, 1988

ergeben: Im Herbst 1945 verlangten die USA, in Island auf 99 Jahre einen Truppenstützpunkt unterhalten zu können. Daraufhin entbrannte in der Führung der Sozialistischen Partei und mit Unterstützung einzelner Vertreter anderer Parteien ein erbitterter Kampf gegen diesen Stützpunkt, der als Bedrohung für die junge Republik dargestellt wurde. Ohne zu übertreiben läßt sich sagen, daß diese Diskussion auf Jahrzehnte das Land spaltete. Im Herbst 1946 wurde zwischen der isländischen Regierung und den USA ein Vertrag unterzeichnet, der den Amerikanern auf gut sechs Jahre die Nutzung des Flughafens von Keflavik zusicherte. Es mag verwundern, daß ein so harmloses Abkommen eine derartige Welle des Widerstands auslöste, doch die Sozialisten waren der Ansicht, daß dies nur Vorbereitungen für eine dauerhafte militärische Präsenz seien, und dem war dann auch so. Drei Jahre später trat Island der NATO bei; in der Folge kam es zu Straßenunruhen und zu den größten Zusammenstößen zwischen Polizei und Demonstranten, die es je in Island gegeben hatte. Zwei Jahre danach erhielten die Amerikaner die Erlaubnis für einen dauerhaften Stützpunkt in Keflavik und die Errichtung von Radarstationen an einigen anderen Stellen im Land.

Halldór Laxness nahm mit großem Engagement an dieser Debatte teil und veröffentlichte im Herbst 1946 fünf Artikel über das, was er »Hochverrat« nannte. Die Gegner der isländischen Regierung zitierten bei jeder Gelegenheit die *Islandglocke* und sprachen im Zusammenhang mit diesen Verträgen vom »Verkauf des Landes«. Im Streit um die militärischen Stützpunkte manifestierte sich der Kalte Krieg in Island. Die Wortführer der Sozialisten legten nun mehr Gewicht auf das nationale Element und weniger auf die Errungenschaften der Sowjetunion. So sprach Laxness in einer Rede, die er am 7. November 1946 in Reykjavík aus Anlaß des Jahrestages der Russischen Revolution hielt, fast nur über den Keflavik-Vertrag. Inzwischen zugängliche Dokumente in Moskau zeigen, daß der Leiter der sowjetischen Botschaft in Island Wasilij Rybakow über diese Akzentuierung empört war und darüber nach Hause berichtete: »Es steht außer Zweifel, daß die Frage der Selbständigkeit des Landes für die Isländer wichtig und dringend ist, aber in einer Rede, die eigens dem Feiertag der Sowjetunion gewidmet ist, nicht die Erfolge der Sowjetunion und deren internationale Rolle als Beschützer der Kleinstaaten zu erwähnen, zeugt offensichtlich von deren Verachtung und einer totalen Fehleinschätzung von sozialistischer Propaganda.« (Jon Olafsson: *Kæru félagar*) Laxness befand sich mit seinen neuen politischen Akzenten nicht mehr im Einklang mit den Sowjets.

Der Roman *Atomstation (Atómstöðin)*, 1948 erschienen, ist im Zeichen dieser Auseinandersetzungen entstanden. Laxness begann gleich nach dem Keflavik-Vertrag 1946 mit der Niederschrift. Für jedermann war klar, daß die Atomstation des Buchs Keflavik war. Atomstation ist ein zorniges Buch, über weite Strecken großsprecherisch und voll grotesken Humors. Einmal mehr übernimmt Laxness eine Vielzahl realer Personen und Begebenheiten aus der Gegenwart, auch die durchaus absurde Episode über die Gebeine des isländischen Nationaldichters Jonas Hallgrimsson, die in Kopenhagen exhumiert und nach Island überführt wurden; dort brach dann ein heftiger Streit darüber aus, wo sie denn zu bestatten seien.

Atomstation beginnt wie ein klassisches realistisches Werk des 19. Jahrhunderts: Die Hauptfigur, das unschuldige Mädchen Ugla, kommt in die verdorbene Stadt und möchte Orgel spielen lernen. Dieser Einstieg ist aber auch das einzig ›Klassische‹ an diesem Buch, ansonsten ist sein Ton in höchstem Maße satirisch und der Stil gewagter als je zuvor. Die Handlung spielt im wesentlichen an vier Schauplätzen. Der erste ist das abgelegene Tal im Norden, aus dem Ugla kommt und wo sich ihr Vater und seine Kameraden mit dem Bau einer Kirche die Zeit vertreiben, zu Ehren ihres Gottes, der weder »der Luthergott, noch der Gott des Papstes« ist. »Unser Gott ist das, was übrigbleibt, wenn alle Götter aufgezählt worden sind und gesagt worden ist, nein, der nicht, der nicht.« Erstmals zeichnet Laxness das Landleben als Idylle, läßt allerdings auch keinen Zweifel daran, daß die weltfremden Menschen dort einer anderen Zeit angehören.

Zweiter Schauplatz ist das Haus von Bui Arland. Dort herrschen Sittenlosigkeit und Dekadenz, dort arbeitet Ugla als Dienstmädchen. Bui Arland steht in enger Verbindung zu den Männern, die das Land regieren und die sich nachts in seinem Haus mit amerikanischen Offizieren treffen, um den Verkauf des Landes auszuhecken. Die Ehefrau ist hysterisch, die Kinder sind mehr oder weniger verdorben und vernachlässigt. Der isländische Kapitalismus wird wie eine Diebsgesellschaft beschrieben. Dieser Clique stehen die jungen Menschen gegenüber, die sich in Zellensitzungen ernsthaft um die Zukunft des

Landes sorgen. An diesen Treffen, die den dritten Schauplatz bilden, wird auch Ugla teilnehmen. Der vierte Schauplatz schließlich ist das Haus des Organisten, bei dem Ugla spielen lernt. Dort schwirren Kleinkriminelle, junge Dichter, Pfarrer vom Land und dienstfreie Polizisten herum, außerdem eine abgetakelte Prostituierte und die senile Mutter des Organisten, der sich durch nichts aus der Ruhe bringen läßt.

Wenn man diese Schauplätze und deren moralische Konnotationen betrachtet, mag die Konzeption einfältig erscheinen: Gesunde, radikale junge Menschen werden dem verdorbenen Bürgertum gegenübergestellt. Aber wie es bei realistischen Werken oft der Fall ist, gewinnt der Sog der Erzählung Oberhand über das Ideologische. Die unterhaltsamsten und faszinierendsten Passagen des Buchs sind jene, in denen die verdorbene Welt beschrieben wird, während die Sphäre des ›Gesunden‹ unwillkürlich ein wenig platt ausfällt. Als Ugla einmal wieder ihr heimatliches Tal besucht, wird ihr dies erst ganz bewußt: »Oft kommt es mir so vor, als ob diese Männer spielten: Die Unwirklichkeit der Rolle ist ihre Sicherheit, sogar ihr eigenes Schicksal ist für sie eher Geschichte und Volkssage als Privatsache.« Die jungen Sozialisten aber haben noch weniger Konturen und bilden nicht viel Gegengewicht zum farbenfrohen Bürgertum. Genau dies lastete der führende Kopf der sozialistischen Literaten Islands, Kristinn E. Andresson, dem Buch als Mangel an: »Darin herrscht eine schwache Zukunftssicht, und die Kräfte, die die Entwicklung vorantreiben, besitzen unklare Vertreter.« *(Íslenskar nútímabókmenntir)*

Beim Organisten geht es da schon bunter zu: Unter den Laxness-Figuren, die als »taoistisch« bezeichnet wurden, ist er eine der ersten, mit seiner Toleranz, seiner Furchtlosigkeit und Güte. Solche Charaktere neigen freilich dazu, nicht ganz aus Fleisch und Blut zu sein, sie erscheinen gelegentlich wie wandelnde Aphorismensammlungen, und vielleicht ist es der Figur des Organisten nicht gut bekommen, einem engen Freund des Autors nachgezeichnet zu sein. Gleichwohl ist im Haus des Organisten mehr los als im Tal Eystridalur oder bei den kommunistischen Zellen und gibt Laxness Anlaß zu schillernden Gesellschaftsbildern.

Am beschwingtesten ist das Buch in den Beschreibungen des Hauses von Bui Arland. Dort feiern die Kinder ein Fest mit einer maßlosen Saworgie, dort treiben sich amerikanische Soldaten herum, verwirrte isländische Jungen und ein Mädchen, das Hollywoodstar werden möchte, aber nur schwanger wird und abtreiben läßt (die Polizei horchte damals auf und wollte von Laxness wissen, wer denn den Eingriff vorgenommen habe). Sehr sorgfältig ist Bui Arland gezeichnet, einer der Mächtigen im Land und zugleich ein hochgebildeter Kulturmensch, der vom künftigen Sieg des Sozialismus überzeugt ist. Sein Auftreten ist von feingeschliffenem Sarkasmus geprägt, all das, was in seinem Haus vor sich geht, scheint ihn wenig zu berühren. Das ändert sich, als er sich in Ugla verliebt. Am Ende des Buchs fragt ihn Ugla, was seine Wahrheit sei. »Du, sagte er. Du bist meine Wahrheit; die Wahrheit meines Lebens. Deshalb biete ich dir alles an, was ein Mann einer Frau anbietet.« Die Liebe als die einzige Wahrheit im Leben – Dieser Gedanke kam schon im *Großen Weber* vor. Stein sagt zu Dilja: »Die Liebe des Mannes zur Frau ist das einzig Wahre im Leben. Alles in meinem Leben ist Lüge, Dilja, Gott und der Teufel, der Himmel und die Hölle, alles ist Lüge, außer dir.« Es stellt sich auch heraus, daß Bui Arland einen utopischen Traum hat von einer Insel, die er Patagonien nennt, mitten in jener Welt, die »eine einzige Atomstation« geworden ist, einen Traum von »einer Einöde, wo ein paar dumme Hirten Schafe hüten«.

Erneut sehen wir die Liebe zwischen einem kernigen isländischen Mädchen und einem kultivierten, aber unbeständigen Intellektuellen. Sie kann den Mann, diesen Verführer, nicht an sich heranlassen, denn dann müßte sie ihren Traum, »ein Mensch zu werden«, aufgeben. Ein Mensch: »Weder eine unbezahlte Sklavin, wie die Frauen der Armen, noch eine gekaufte feine Dame, wie die Frauen der Reichen; schon gar nicht eine bezahlte Geliebte; und auch nicht die Gefangene eines Kindes, das von der Gesellschaft nicht anerkannt wird. Ein Mensch unter Menschen: Ich weiß, es ist lächerlich, verächtlich, schändlich und umstürzlerisch, daß ein Frauenzimmer nicht irgendeine Art von Sklavin oder Hure sein will. Aber so bin ich nun einmal.«

Atomstation ist vielschichtiger, als es zuerst den Anschein hat. Aber die Schwächen des Werks und dessen politische Vereinfachungen sind nicht zu übersehen, und viele seiner Streitthemen haben die Zeit weniger gut überstanden als die Diskussion über Sexualität und die Stellung der Frau. Jenseits der Ebene des Grotesken besticht es durch die Liebesgeschichte, die leise und melancholisch erzählt wird und durch die der utopische Traum von einer anderen, besseren Welt durchscheint.

Die Einigkeit, die Laxness mit der *Islandglocke* erzielt hatte, war mit *Atomstation* gleich wieder dahin. Das Buch erregte großes Aufsehen und wurde wegen seiner scharfen Kritik am Säbelrasseln des Kalten Kriegs in viele Sprachen übersetzt. In Island provozierte es heftige Debatten, Ministerpräsident Olafur Thors war verärgert, im konservativen *Morgunblaðið* erschien ein Verriß. Er stammte von Laxness' einstigem Freund Kristjan Albertsson, der den *Großen Weber von Kaschmir* seinerzeit mit den Worten »Endlich, endlich!« begrüßt hatte. Albertsson war im Auswärtigen Amt tätig und versuchte in dieser Position ein Erscheinen von *Atomstation* in Dänemark zu verhindern. Als das Buch schließlich doch beim dänischen Verlag Gyldendal herauskam, war der Autor auf die Bitte des Verlags eingegangen, ihm einen weniger provokanten Titel zu geben, es hieß nun »Das Haus des Organisten«.

Aber Laxness' Engagement gegen den amerikanischen Stützpunkt auf Island sollte schlimmere Konsequenzen für ihn haben. Der Chef der amerikanischen Botschaft in Island, William Trimble, traf sich mit dem isländischen Außenminister, Bjarni Benediktsson, um zu diskutieren, wie man dem Renommee dieses »anti-amerikanischen« Autors schaden könnte. Relativ schnell kam man auf die Idee zu untersuchen, ob der Autor Steuern auf seine Einnahmen aus der amerikanischen Ausgabe von *Sein eigener Herr* bezahlt hatte. Der FBI-Chef J. Edgar Hoover ließ im September 1947 über das New Yorker Büro Anfragen zu den Zahlungen des Verlags Alfred Knopf stellen, und nach dem Erscheinen von *Atomstation* wurde diese Untersuchung intensiviert. Letztlich führte sie zu einer zählebigen Steuersache vor den isländischen Gerichten, die Laxness am Ende zum größten Teil Recht geben mußten, da die Steuern schon alle in den Vereinigten Staaten abgezogen worden waren. Aber sein Verleger, Alfred Knopf, mochte mit diesem Autor – trotz einer halben Million verkaufter Exemplare – nicht weitermachen, höchst wahrscheinlich wegen dieser unbequemen Nachfragen, und im Kalten Krieg waren seine Bücher in den Vereinigten Staaten nicht lieferbar (siehe HG: *Halldór Laxness – Eine Biographie*).

In Deutschland erschien *Atomstation* 1955 sowohl westlich als auch östlich des Eisernen Vorhangs, und auf beiden Seiten machten sich die Rezensenten größte Sorgen um die politische Einstellung des Autors. In der DDR erschienen lange und begeisterte Besprechungen, in denen das ganze Gewicht auf die

Botschaft des Werks gelegt wurde, aber man wußte nicht so recht, was man mit dem Organisten und all den Leuten um ihn anfangen sollte, und unterschlug diese Ebene im wesentlichen. In der Bundesrepublik hingegen waren die Rezensionen kurz und drehten sich meist um die Frage, ob Laxness Kommunist sei oder nicht. Manche sahen in dem Buch eine Gefahr, in einer Empfehlung für Bibliotheken wurde davor gewarnt, es an andere als wenige geübte Leser auszuleihen, die sich von ihm nicht verwirren lassen würden. Dabei machte sich der Autor dieser Empfehlung seine Sorgen nicht wegen eines etwaigen kommunistischen Gehalts, sondern wegen seines »heidnischen Ursprungs«; so schlecht war es inzwischen um einen Autor bestellt, der als junger Mann zum Katholizismus übergetreten war.

Halldór Laxness' Kampf gegen die Militärstützpunkte in Island ging in dieser Zeit einher mit einer Auseinandersetzung über die drohende atomare Katastrophe und dem Einsatz für den Frieden. Die Friedensbewegung, die er unterstützte, wurde allerdings von sowjetischen Institutionen wie dem Weltfriedensrat dominiert, der Laxness 1953 in Wien eine besondere literarische Auszeichnung verlieh, den Weltfriedenspreis. Der Autor eines amerikanischen Lexikons bezeichnete sie fälschlicherweise als »Stalin-Preis« – der Ursprung des langlebigen Mißverständnisses, Laxness habe eine nach Stalin benannte Auszeichnung erhalten. Tatsächlich hatte sich Laxness in diesen Jahren innerlich vom sowjetischen Diktator abgewandt, wie in seinem nächsten großen Werk *Die glücklichen Krieger* deutlich wird, aber nach außen hielt er sich mit Kritik sehr zurück.

Halldór Laxness nahm nie Urlaub vom Schreiben, und er hatte stets mehrere Arbeiten zugleich auf seinem Tisch. Neben seinen großen Romanen verfaßte er regelmäßig Kurzgeschichten und veröffentlichte 1942 die Sammlung *Sieben Zauberer (Sjö töframenn)*. Sie enthält Erzählungen, die im wesentlichen in den dreißiger Jahren entstanden sind. Seine Sammlungen von Kurzgeschichten waren stets vielfältig, man findet in ihnen realistische Geschichten neben durchaus mystischen Erzählungen, ihre Schauplätze reichen von Island bis nach China. Darüber hinaus schrieb Laxness ständig Artikel für Zeitungen und Zeitschriften, hielt Vorträge im Radio und veröffentlichte Reisegeschichten und längere Essays. Er war äußerst sprachbegabt und schrieb für ausländische Zeitungen gelegentlich direkt auf Englisch, Deutsch oder Dänisch. Er verfügte über gute Französischkenntnisse und konnte mehrere romanische Sprachen, dabei kamen ihm der Lateinunterricht bei den Jesuiten und seine langen Aufenthalte in Italien zugute. Seine Essays – im Stil eher angelsächsisch-elegant denn schwergewichtig nach Art deutscher oder französischer Gelehrsamkeit – fanden in der Regel Eingang in Sammelbände, allein in den Jahren 1942 bis 1955 erschienen vier Essaybände. Seine Zeitungsartikel handelten von Gott und der Welt, von der Landwirtschaft bis zum Verlagswesen, und waren oft spöttisch und scharfzüngig.

Laxness war ein großer Polemiker, dessen Stärke darin bestand, die Dinge unter neuen Blickwinkeln und in ungewöhnlichen Zusammenhängen zu sehen. In seinen politischen Artikeln konnte er pathetisch werden, bei anderen Gelegenheiten sogar boshaft. So schrieb er zur Übersetzung einer Essaysammlung, erschienen bei dem staatlichen Verlag Menningarsjodur, den er als Konkurrenten des Verlags Mal og menning ansah: »Das ganze wird nicht besser dadurch, daß an die Übersetzung dieser Essays Gudmundur Finnbogason seine welke Hand gelegt hat. Über ihn hat man gesagt, seine Sprache sei ein Zeugnis davon, daß er niemals jemand anderem gelauscht hat als sich selbst. Auch wenn dieser Übersetzer einzelne Wörter nicht ungeschickt handhabt, so hat er es doch nie zustande gebracht, zwei Wörter im Zusammenhang so zu setzen, daß man sie im Gedächtnis behält.« *(Vettvangur dagsins)* Es handelt sich hier um eine späte Rache, denn Gudmundur Finnbogason, der unter den isländischen Intellektuellen großes Ansehen genoß, hatte 1927 eine berühmte Rezension über den *Großen Weber von Kaschmir* geschrieben, die aus nur zwei Wörtern bestand: »Maschinelle Geisterbutter«. Laxness hat negative Äußerungen über sein Werk niemals vergessen.

Bald nach dem Ende des Zweiten Weltkriegs nahm Laxness seine ausgedehnte Reisetätigkeit wieder auf und unternahm mindestens zwei lange Auslandsreisen pro Jahr. Seine Frau begleitete ihn gelegentlich auf einem Teil der Reisen, war aber eher ans Haus gebunden, vor allem nach der Geburt ihrer Töchter. Sie verhehlte in ihren Memoiren nicht, daß es einsam in Gljufrasteinn sein konnte, das damals abgeschiedener lag als heute und im Winter mitunter schwer erreichbar war. Anderseits konnte es dort sehr lebhaft zugehen, sobald Laxness zu Hause war. Die mit den häufigen Besuchen verbundene

Arbeit freilich blieb an Audur hängen, während Laxness schrieb und bis in die Mittagszeit von niemandem gestört werden durfte. Gljufrasteinn wurde mit der Zeit zu einer Art Kulturzentrum, denn Laxness war seit 1950 Vorsitzender der Gesellschaft für Isländisch-Sowjetische Kulturbeziehungen und empfing in dieser Eigenschaft eine Reihe von Künstlern in seinem Haus, auch über den Musikverein von Reykjavík. Zu den Musikern, die Laxness in den frühen fünfziger Jahren besuchten und manchmal Konzerte gaben, zählen Rudolf Serkin, Mstislaw Rostropowitsch, der polnische Pianist Henryk Sztompa und der Komponist Aram Chatschaturjan.

Nach Fertigstellung von *Atomstation* fuhr Laxness im Herbst 1948 nach Rom und begann mit dem Schreiben an *Gerpla* (oder *Die glücklichen Krieger*), das 1952 erschien. Dieses komplexe Buch ist eine Art moderne Isländersaga unter umgekehrten Vorzeichen, geschrieben in einer Sprache, die Laxness selbst für nahezu unübersetzbar hielt. Hier nimmt er den Faden von *Die Islandglocke* und *Atomstation* wieder auf. Es ist ein neuerlicher Versuch, sich mit einem geschichtlichen Stoff auseinanderzusetzen, und zugleich eine scharfe Kritik an der modernen Kriegsführung und dem verkehrten Heldenideal, eine Abrechnung mit dem Zweiten Weltkrieg, auch wenn die Geschichte im elften Jahrhundert spielt. Laxness hatte sich weiterhin mit den Sagas beschäftigt, unter anderem zwei lange Essays über sie verfaßt, weil »die isländischen Schriftsteller nicht leben können, ohne ständig über die alten Bücher nachzudenken« *(Sjálfsagðir hlutir).* Er betonte erneut, daß die Sagas, wenngleich geschrieben, um die Vorzeit zu verherrlichen, »am meisten über ihre Gegenwart aussagen, das dreizehnte Jahrhundert in Island. (…) Die Sagas wissen nur wenig vom neunten und zehnten Jahrhundert, sind aber der vollkommenste Spiegel des Jahrhunderts, in dem sie geschrieben wurden. Dort liegt ihre geschichtliche Bedeutung.« Laxness wollte mit *Gerpla* dasselbe erreichen, wie er später in einem Interview ausführte: »Ich wollte mit diesem Buch ein altertümliches Kunstwerk für ein modernes Publikum schaffen.« *(Skeggræður gegum tíðina)*

Gleichwohl verwendete Laxness viel Mühe darauf, dem Werk einen altertümlichen Anstrich zu verleihen, und besuchte außer Grönland alle Schauplätze der Geschichte. Seine wichtigsten isländischen Quellen waren die *Fóstbræðrasaga* (die *Große Schwurbrüdersaga*), aus der die Hauptfiguren Thorgeir Havarsson und Thormod Bessason stammen, und die *Heimskringla* von Snorri

Sturluson, in der die Geschichte der norwegischen Könige, auch die von Olafur Haraldsson, überliefert ist, sowie eine Menge ausländischer Quellen über dieselbe Zeit. Aber Laxness nahm noch mehr auf sich: Er studierte die alte Sprache gründlich und setzte sich die »Regel, nie ein Wort zu verwenden, von dem man beweisen könne, daß es im elften Jahrhundert nicht in der Sprache vorhanden war« *(Skeggræður)*. Das ist so wohl nur im Isländischen möglich, ein ähnliches Buch in jeder anderen europäischen Sprache wäre für den normalen Leser unverständlich. In Island ist wegen der Isolation des Landes, der starken Stellung der altisländischen Literatur und der nationalistischen Sprachpolitik eine einmalige Kontinuität der Sprache gegeben, die es geübten Lesern noch heute ermöglicht, die Sagas im Original zu lesen.

Die antiquierte Sprache, bei der sich der Autor einige witzige Ausnahmen erlaubt, verleiht dem Buch ein fremdartiges Flair. Die Kritik des Heldenideals der Sagazeit, die sich zugleich auf die Gegenwart bezieht, wird durch sie intensiviert, weil sie »von innen« kommt, und im selben Maße wird das Buch eine glaubhafte Anti-Saga. Weder vor noch lange Zeit nach *Die glücklichen Krieger* übrigens gelang es einem isländischen Schriftsteller wirklich überzeugend, eine moderne Saga zu schreiben oder Stoff aus ihrer Zeit zu verarbeiten, wohl weil sie sich nicht in der gleichen radikalen Weise mit deren Gedankenwelt, der Rachepflicht und dem Heldenideal, auseinandersetzten. Laxness' Hauptfiguren sind zwei unterschiedliche Vertreter dieses Ideals. Thorgeir Havarsson ist ein wahrer Held und Krieger, aber maßlos und grotesk in seinem Reckentum; der Widerspruch zwischen Ideal und Wirklichkeit wird bei der Beschreibung des Aussehens der Männer sofort unterstrichen: »Zu jener Zeit waren die meisten Männer in Island klein von Wuchs und krummbeinig, ausgemergelt und steifgliedrig, gekrümmt und krüpplig von Gicht, blau und runzlig im Gesicht; das Land war rauh, die Menschen waren viel im Freien und bei gefährlicher Arbeit auf See und im Gebirge bösem Wetter ausgesetzt; und fettes Essen stand dem gemeinen Volk nicht zu Gebote.« Ihr Heldentum wird nicht glaubwürdiger, wenn die Stumpfheit der Waffen beschrieben wird, mit denen die Männer sich damals gegenseitig zu massakrieren versuchten.

Thorgeir Havarsson bekam von Kindesbeinen an ein nordisches Heldenideal eingepflanzt und wird zum Opfer einer Ideologie, in der von »Verbrennungen, Totschlägen, Vergewaltigungen und anderen Heldentaten« die Rede ist. Thorgeir ist wirklichkeitsblind wie Don Quijote wegen der Ideale, an die er glaubt. Laxness hat bewußte Bezüge zu Cervantes bestätigt, auch wenn er darauf hinweist: »Andererseits war die spanische Ritterromantik, die Cervantes karikierte, verschieden von unserer Heldenverehrung, obwohl man darin Parallelen finden kann.« *(Skeggræður) Die glücklichen Krieger* verfügt nicht über die Unschuld des *Don Quijote,* seine spöttische Abrechnung mit einer ganzen Literaturgattung ist diesem Buch nicht unähnlich, nur findet sie eben nach zwei Weltkriegen statt, deshalb ist seine Ironie rauh und zornig. Thorgeir Harvarsson geht auf Wikingerfahrt, zieht mit Plünderern und Mördern durch Europa und wird schließlich selbst auf lächerliche Weise umgebracht. Die Solidarität des Autors ist mit dem geknechteten Volk; es erträgt die ständigen Beutezüge dieser Helden, die in der Welt jener Dichtung leben, wo es üblich ist, »die Bauern nur wie Ungeziefer zu erwähnen, das die Leute in ihren Hemden töten«.

Der Schwurbruder Thorgeirs ist Thormod Bessason, ein nicht ganz so einseitiger Charakter, der aber dieselben Ideale hat und ihnen in seiner Dichtung gerecht zu werden versucht. Wie in vielen früheren Werken Laxness' steht hier die Rolle der Dichtung zur Diskussion, von der diese Männer eine klare Vorstellung besaßen: Sie hatte der Lobpreisung der Krieger und Könige zu dienen. Thormods Vorbild, der Dichter oder Skalde Sigvat, formuliert das so: »Und wir Skalden sind die Stimme des königlichen Glücks und Herolde des Helden, der Länder erobert.« Hier wird auf die Tradition der isländischen Dichter angespielt, vor nordische Könige zu treten und ihnen Skaldengedichte über ihre Vorzüge und Taten vorzutragen. Der von den Schwurbrüdern am meisten bewunderte König ist Olafur Haraldsson, in den nordischen Königssagas »der Heilige« genannt, bei Laxness jedoch öfter – ebenfalls in den Königssagas belegt – »der Dicke«. Aber Thormod lernt auch eine andere Art von Leben kennen, anders als sein Schwurbruder ist er ein Mann der Frauen, und zwei spielen in seinem Leben eine große Rolle: Kolbrun, »die Dunkle, die in der Unterwelt wohnt« und mit der »heißen Nacht, Schweigen und Öde« verbunden wird, und Thordis, die Helle, eine reiche Frau, die Thormod eine Zeitlang vorbildlich den Hof führt, wo er ein glückliches Leben hätte haben können.

Kolbrun steht dem Volk näher, sie lebt abseits, wird mit dem Untergründigen, den Trieben und auch mit Grönland in Verbindung gebracht. Dort leben die Inuit als Jäger in vollkommener Übereinstimmung mit der Natur in einer Gesellschaft, in der allen alles gehört und die natürlich von den Kriegern nicht in Ruhe gelassen wird. Die grönländische Gesellschaft, in der Thormod vorübergehend lebt, ist eine utopische Alternative. Solche Utopien kennen wir bereits von den Leuten vom Hof unter dem Gletscher in *Weltlicht*; Snaefridur und Arnas in *Die Islandglocke* träumen eines Abends ebenfalls einen utopischen Traum, und auch das Patagonien von Bui Arland in *Atomstation* ist von dieser Art. Mir scheint, daß in dem Grade, in dem Laxness – zumindest in seinem dichterischen Werk – skeptischer gegenüber dem radikalen Kampf für eine bessere Gesellschaft wird, sich die Vorstellung dieser besseren Gesellschaft in den Bereich der Schönheit verlagert, in eine Traumwelt, die dem Menschen niemals wirklich zugänglich ist.

Thordis, Thormods Frau und die Mutter seiner Kinder, gleicht mehr den Frauen der Sagas und unterstützt Thormod darin, aufzubrechen und Rache zu üben, nachdem ihm der Kopf seines ermordeten Schwurbruders Thorgeir im Traum erschienen ist. Die Fahrt wird zu einem Desaster, Heldentum und Kriegshandwerk laufen immer mehr auf Grund. Laxness sagte im Interview: »›Im Krieg zieht den kürzeren, wer dem Stahl vertraut‹ – das ist der Grundgedanke in der Geschichte, der Standpunkt eines gesunden Menschen, wie zum Beispiel des Bauern, der das Feld bestellt, als er diese schrecklichen Leute durch das Land ziehen sieht, Helden wie die Schwurbrüder Thorgeir Havarsson und Thormod den Kolbrunarskalden.« *(Skeggræður gegnum tíðina)* Am Ende erfüllt sich das höchste Ziel Thormods, er darf am Abend vor der entscheidenden Schlacht vor den König treten und ihm sein Gedicht vortragen, aber da ist der Glanz des Heldentums endgültig von ihm abgefallen. So schließt das Buch:

»›Verkürze deinem König die Zeit, Skalde‹, sagte Olaf Haraldsson, ›und trage jetzt in der Nacht hier am Steinhügel dein Heldenlied vor.‹

Der Skalde antwortete, doch etwas zögernd: ›Ich kann mich auf das Lied nicht mehr besinnen‹, sagte er, stand langsam auf, humpelte auf seinen Knüppel gestützt davon und verschwand hinter dem Hügel.

Da war der Mond untergegangen, und die Nacht umhüllte Tal und Höhe zu Stiklestad – und auch die spätblühende Traubenkirsche.«

Halldór Laxness' Rückbesinnung auf die isländische Tradition und seine Beschäftigung mit ihr erreichen mit *Die glücklichen Krieger* einen künstlerischen Höhepunkt. Aber er hat sich weiterhin den kritischen Geist der Jugendjahre bewahrt und nutzt die Gelegenheit, die Tradition von einem neuen Standpunkt aus zu bewerten. Zugleich setzt sich Laxness mit dem Zweiten Weltkrieg auseinander; es finden sich zahlreiche Parallelen zwischen dem Kampf der Wikinger und der Kriegsmaschinerie der Nationalsozialisten. Olafur Haraldsson wurde in den Rezensionen immer wieder mit Hitler verglichen (er ist ihm ohne Zweifel auch nachempfunden), und man suchte nach Parallelen in der Beschreibung des Skalden, der vor den falschen König tritt und sein Leben für dessen Verherrlichung einsetzt. Wenngleich sich Laxness in diesen Jahren nicht öffentlich von der Sowjetunion distanzierte, sich vielmehr aktiv in der Friedensbewegung engagierte, in der diese die Fäden zog, nutzte er einmal mehr den Roman dazu, seine eigenen politischen Anschauungen kritisch zu beleuchten. In einem Interview aus dem Jahr 1965 hat Laxness eine solche Interpretation seiner Werke bestätigt. *Die glücklichen Krieger* sei »das tragischste Buch, das ich je geschrieben habe. Ich habe sehr gelitten, während ich es schrieb. Die Parallelen liegen auf der Hand. Wir werden die Dichter und Helden, die sich Stalin und Hitler verschrieben, nie vergessen.« (Hallberg: *Halldór Laxness*)

Die Kritik seines nächsten Werks, des Theaterstücks *Silfurtúnglið* (»Der Silbermond«) von 1954, ging in eine ganz andere Richtung. Dieses Stück, das alles andere als makellos ist, handelt vor allem von der Kommerzialisierung der Kunst und beschreibt ein junges, unschuldiges Mädchen, das geldgierigen Managern zum Opfer fällt. Auch im Ausland wurde es aufgeführt, 1954 ins Russische übersetzt und zwei Jahre mit großem Erfolg in Moskau gespielt. Es wurde behauptet, Laxness habe in seinem dramatischen Schaffen unter dem Einfluß Brechts gestanden, und es wurde sogar gesagt, daß auch *Die glücklichen Krieger* deutliche Spuren des Brechtschen Einflusses zeige. Sicher ist, daß Laxness das dramatische Schaffen Brechts »als das wahre deutsche Wunder unserer Zeit« bezeichnet hat *(Zeit zu schreiben)*. Der Ost-Berliner Rundfunk entlockte ihm 1976 in einem Interview vielleicht nicht überraschend ein offenes Bekenntnis zum Einfluß Brechts: »Ich glaube, bei den deutschen Schriftstellern war ich vielleicht nur von Brecht eingenommen.« (Josef-Hermann Sauter: *Interviews mit Schriftstellern*) An anderer Stelle bezeichnete er es allerdings als absurd, daß Brecht sein eigenes Schaffen beeinflußt habe *(Skeggrædur gegnum tíðina)*. Widersprüchliche Aussagen dieser Art sind bei Laxness keine Seltenheit, je nachdem, wann das Interview entstand und in welcher Stimmung der Schriftsteller gerade war.

Sicher ist, daß auf Vermittlung des Übersetzers Ernst Harthern das Manuskript des »Silbermonds« an Brecht gesandt wurde, der es gelesen und auf der Rückseite mit dem Vermerk »Antinorastoff« versehen hatte, damit meinte er den Bezug zum *Puppenheim* von Ibsen. Laut Audur Laxness sei im Gespräch gewesen, daß Brecht das Werk bearbeiten und im Theater am Schiffbauerdamm aufführen würde *(Á Gljúfrasteini)*. Laxness und Brecht hatten sich nach eben erwähntem Interview schon seit den zwanziger Jahren gekannt, wofür allerdings keine Belege zu finden sind. Laxness hat Brecht im Herbst 1955 besucht, um, Audur Laxness zufolge, die Möglichkeit einer Inszenierung des »Silbermonds« zu besprechen, und das war das erste und einzige Mal, daß er mit seinem deutschen Kollegen ein Wort wechselte. Laxness schildert diesen Besuch in *Zeit zu schreiben*, erwähnt zwar das Theaterstück nicht, faßt aber Gespräche zusammen, die seine zunehmend kritische Haltung gegenüber der offiziellen Kunstausrichtung des Ostblocks dokumentieren: »Mitte Oktober 1955, ein halbes Jahr vor seinem Tod, hatte ich mit Bertolt Brecht ein langes Gespräch bei ihm zu Hause, in dem dieses Thema eine beherrschende Rolle spielte; es ging um das Problem der Einmischung von Regierungen in literarisches Schaffen, von Regierungen, die sich zu einer orthodoxen Spielart des Sozialismus bekennen.« Solches Reglementieren führe zu widersinnigen Formeln, »nach ihnen kann man, wie Brecht es formulierte, befinden, daß ein Buch zwar gut, aber nicht ›richtig‹ sei, womit es der Axt der Zensur zum Opfer falle«.

Leider ist das Gespräch zwischen Brecht und Laxness nicht näher dokumentiert; aus einer Zusammenarbeit auf dem Theater wurde nichts. Einige Tage später im Oktober des Jahres 1955 reiste Laxness nach Schweden, wo sich seine Gedanken bald um andere Dinge drehten. Die schwedische Akademie überbrachte ihm am 27. Oktober die Nachricht, daß ihm der Nobelpreis für Literatur verliehen werde.

Verlorene Illusionen

Nobelpreis und Desillusion
1955 bis 1968

Die Dauerdebatte über die Sinnhaftigkeit des Literaturnobelpreises, über gute und schlechte Entscheidungen der Schwedischen Akademie wird nie ein Ende nehmen. Das ändert nichts an der Tatsache, daß er die bekannteste literarische Auszeichnung der Welt ist und daß der Preisträger das Interesse des gesamten Literaturbetriebs der westlichen Welt auf sich zieht. Dennoch mag für große Nationen nicht leicht zu verstehen sein, welch ungeheure Bedeutung kleine Länder wie Island der Tatsache beimessen, daß einer ihrer Landsleute den Preis verliehen bekam. Halldór Laxness ist der einzige isländische Nobelpreisträger bislang, sein Name wird stets genannt, wenn in Island vom Nobelpreis die Rede ist, er hat ihn zum »Autor Islands« gemacht. Er wurde dies in doppelter Bedeutung: zum einen als der international bekannteste Schriftsteller, den das Land je hervorgebracht hat, und zum anderen als der wichtigste Autor des isländischen Selbstbewußtseins, als Stütze des Nationalstolzes – in einem kleinen, unbewaffneten Land ist das noch etwas anderes als in großen Staaten.

Als die Schwedische Akademie ihre Entscheidung am 27. Oktober 1955 bekanntgab, hielt sich Halldór Laxness gerade in Göteborg bei Peter Hallberg auf, seinem Freund, Übersetzer und Biographen. Glückwunschtelegramme strömten von allen Seiten, auch nach Gljufrasteinn, wo Audur Laxness für den Abend zu einem Fest für die Freunde des Dichters einlud. Laxness war damals schon seit einigen Jahren als Nobelpreiskandidat im Gespräch gewesen und hatte insbesondere in dem Literaten Arthur Lundquist einen Fürsprecher in der Akademie. Der hatte möglicherweise auch seinen Teil dazu beigetragen, als Laxness einige Jahre zuvor den Weltfriedenspreis bekommen hatte.

Laxness wurde der Preis verliehen »für sein farbenreiches episches Werk, das die große Erzählkunst Islands erneuert hat«. Die Auszeichnung erhielt ein

Mann, der dem modernistischen Erzählen durchaus kritisch gegenüberstand, ein Traditionalist im literaturpolitischen Sinne. Dies kommt auch in einer Vorlesung zum Ausdruck, die Laxness 1954 in Oslo hielt. Er kritisierte scharf, daß verschiedene moderne Schriftsteller die Botschaft Goethes »Greif hinein ins volle Menschenleben« ignorierten, statt dessen in »irgendeinem politischen Loch« landeten »oder Bewohner des Elfenbeinturms geworden sind. (...) Ihr Beitrag zur Kultur besteht zu oft aus irgendwelchen unfruchtbaren Spekulationen, die die völlige Sinnlosigkeit aller Dinge beweisen sollen und das menschliche Leben als eine Art Verhängnis an sich oder als Unfall interpretieren; sie verschreiben sich schließlich einer Art Todesverehrung, die ihr Ventil in einem äußerst schwer verständlichen und trübsinnigen Pessimismusgeschwätz mit dazugehörigen Angstschreien findet.« (»Ein Tag auf einmal«)

Gegen diese Entwicklung setzt Laxness den Realismus, aber er kennt sich zu gut in der zeitgenössischen Literatur aus, als daß er ihn im Sinne des 19. Jahrhunderts verstehen würde. »Der Realismus ist in meinem Verständnis auch nicht eine besondere Form; er kann jede Form sein; er ist vor allem eine Kunst- oder Literaturrichtung, die Einfluß auf die Realität hat, weil sie ihre Wurzeln in der Realität hat und darin ein gewisses Bedürfnis befriedigt; eine Kunstrichtung, die Einfluß auf das Jahrhundert hat, weil sie das Jahrhundert ausdrückt, das Gesicht des Jahrhunderts, die Seele des Jahrhunderts, das Leid des Jahrhunderts, die Sehnsüchte des Jahrhunderts.« Als Beispiele nennt er Pablo Picasso, Pablo Neruda, Bertolt Brecht, Charlie Chaplin und T. S. Eliot.

Hier spricht ein Mann, der sich immer zur gesellschaftskritischen Dimension seiner Romane bekannt hatte, auch wenn er sich vor allem als Geschichtenerzähler begriff. Doch die Reaktionen auf die Preisverleihung bezogen sich nur in geringem Maße auf seine literarischen Qualitäten, mitten im Kalten Krieg waren die Menschen mehr mit den politischen Ansichten des Schriftstellers beschäftigt. In den Mitte-/Rechtsparteien, die damals Island regierten, taten sich deshalb einige schwer, die Preisverleihung gutzuheißen. Laxness selbst schrieb im Mai 1955 an seine Frau Audur, er habe von »Stimmen aus dem Umkreis der Schwedischen Akademie« gehört, die von einer bevorstehenden Verleihung des Nobelpreises sprechen, es werde aber »vor allem von *Seiten Islands* in politischer Hinsicht sehr gegen mich gearbeitet«, es bestehe

»wenig Wahrscheinlichkeit, daß ich den Nobelpreis erhalte, außer ich ändere meine politische Einstellung« *(Á Gljúfrasteini).* Es wird schwerfallen, solche Gerüchte zu bestätigen, aber es war zweifellos bezeichnend, daß er, als er am 4. November nach der Bekanntgabe der Entscheidung der Akademie mit dem Schiff nach Hause kam, von Tausenden Menschen mit einer Willkommensfeier am Hafen empfangen wurde, die aber nicht von offiziellen Stellen, sondern von den Gewerkschaften und der Vereinigung isländischer Künstler organisiert war. Bei dieser Gelegenheit hielt Laxness eine Dankesrede, in der er einen Dichter zitierte, der seiner Geliebten Gedichte geschickt hatte, und als sie sich dafür bedankte, habe er gesagt: »Danke mir nicht für diese Gedichte; du hast sie mir zuvor allesamt selbst gegeben.« So wollte er sein Verhältnis zum isländischen Volk sehen.

Am 10. Dezember 1955 nahm Halldór Laxness in Stockholm den Nobelpreis für Literatur in Empfang. Politische Gegner hielten sich zurück, Island freute sich mit ihm, denn es war klar, daß der Preis das Interesse an der isländischen Literatur wecken und allgemein zu einem Aufschwung der isländischen Kultur beitragen würde.

In der westlichen Presse wurde viel und positiv über Laxness geschrieben, besonders wohlwollend in Skandinavien, dort war er am bekanntesten. In Westdeutschland trat, wie schon beim Erscheinen von *Atomstation* im selben Jahr, das Werk ganz in den Hintergrund, wichtig war allein die K-Frage: ob der Autor nun Kommunist sei oder nicht. Die Betonung des Politischen erklärt sich zum Teil durch die Atmosphäre des Kalten Kriegs, es setzte sich aber auch die Diskussion aus dem Jahr 1953 fort, in dem der Literaturnobelpreis an Winston Churchill gegangen war, eine ebenfalls umstrittene Entscheidung. In angloamerikanischen Zeitungen konnte man Überschriften finden wie »Anti-American wins 55 Nobel Prize«. Laxness haben solche Reaktionen sehr getroffen. In einer Rede, die er nach seiner Heimkehr von der Preisverleihung im Februar 1956 hielt, sagte er: »Die Respektlosigkeit der großen Nationen gegenüber den kleinen der Welt kam vor kurzem in den Artikeln einiger großer Zeitungen westlich und östlich des Atlantiks deutlich zum Ausdruck, daß es besser gewesen wäre, diesen Preis dem Erzfeind selbst, den Sowjets, zu verleihen, als ihn einem Linken eines kleinen Volkes zu geben, von dem noch nie einer was gehört hat. Führende Köpfe versuchten sich über die Marotte der Schwedischen Akademie lustig zu machen, die behauptete, es gebe so etwas wie eine isländische Literatur.« *(Gjörníngabók)*

Die Wogen glätteten sich bald, sie waren exemplarisch für die Zeit. Natürlich könnte man fragen, wie es *Der Spiegel* später tat, »warum Laxness und nicht Brecht?«, aber die Frage ist im nachhinein müßig. Heute zweifelt kaum jemand, der Laxness' Werke kennt, noch daran, daß er zu den besten Romanciers des 20. Jahrhunderts zählt. Der Nobelpreis zeigt nichts anderes, als daß achtzehn schwedische Gelehrte schon seinerzeit dieser Meinung waren.

Wie reagierte Laxness selbst, der als junger Mann mit dem Ziel in die Welt aufgebrochen war, um jeden Preis ein berühmter Schriftsteller zu werden? Natürlich freute er sich, und der Nobelpreis führte dazu, daß er sich noch mehr als zuvor als Repräsentant des kleinen Volks im Norden betrachtete, seine Herkunft noch mehr in den Mittelpunkt stellte. Sicherlich überfiel auch ihn jene zeitweilige Schwermut, der man sich nach Erreichen eines bestimmten Ziels ausgesetzt sieht, abgesehen davon, daß ihm damals erste Zweifel an der politischen und literarischen Richtung kamen, die er eingeschlagen hatte. Am bezeichnendsten für ihn ist sicher der Entschluß, sich nicht in seinem Erfolg zu sonnen und feiern zu lassen. Er brach nach Rom auf, um weiter an dem Buch zu schreiben, das er damals begonnen hatte: *Das Fischkonzert (Brekkukotsannáll).*

Das Fischkonzert, dessen isländischer Titel »Die Annalen von Brekkukot« bedeutet, ist vorbildlich komponiert, klassisch und diszipliniert in der Konzeption, gemäßigt in der Erzählweise. Bislang war es Laxness sicher mehr um die Figurencharakterisierung gegangen als um das, was die Engländer »plot« nennen. Im *Fischkonzert* stimmt das Gleichgewicht mehr als früher, auch der plot ist bis ins letzte durchdacht. Zwei Geschichten werden erzählt, zum einen die vom jungen Alfgrimur, der bei älteren Pflegeeltern auf einem kleinen Hof aufwächst, zum anderen die des »weltberühmten« Sängers Gardar Holm – zwei Geschichten, die miteinander verwoben sind und sich gegenseitig spiegeln. Der Roman spielt wie *Atomstation* an deutlich abgegrenzten Schauplätzen: die Welt von Brekkukot, in der Alfgrimur aufwächst, und der Laden der Familie Gudmunsen, wo ganz andere Werte gelten. Das Drehkreuz am Eingang zum Hof Brekkukot markiert die Grenze zwischen diesen grundverschiedenen Welten. Die Erzählweise ist objektiv wie früher, Laxness spricht von Annalen, obwohl er keineswegs trocken berichtet, aber er erzählt die Geschichte in der ersten Person und gibt damit die Position des allwissenden Erzählers auf.

Das Fischkonzert ist eines der ersten Bücher, in dem Laxness eigene Kindheitserinnerungen direkt verarbeitet. Das Haus Brekkukot hat sein Vorbild im Haus Melkot außerhalb von Reykjavík (heute würde es mitten in der Stadt liegen), wo die Schwester seiner Großmutter mit ihrem Mann wohnte und wo sich Laxness' Eltern kennengelernt hatten. Die Geschichte spielt in der Zeit um 1900. Sie ist einerseits ein Buch über die Kindheit und das, was mit ihr verlorengeht, andererseits ein Buch über die Kunst und die Suche nach dem »reinen Ton« in einer Welt der Korrumpierungen.

Auf die Bedeutung der Musik im Werk von Laxness wurde bereits hingewiesen, auch auf das mehrfach anzutreffende Motiv, daß einer die Heimat verläßt, um für die Welt zu singen. Im *Fischkonzert* wird dies zu einem Schlüssel des Verständnisses. Die Idee vom Sänger, der alle zu Hause an seine weltweite Berühmtheit glauben läßt, die ein Phantom ist, hat Laxness lange Zeit mit sich herumgetragen. In einem Notizbuch von 1933, in dem er Skizzen zu *Sein eigener Herr* festhielt, taucht plötzlich der Plan zu einem Buch auf, das »Der Universumssänger« heißen sollte. Die Hauptfigur soll ein Gemisch aus »the unsuccessful«, »the charlatan«, »the enthusiast«, »the outlaw«, »the vagabond«, »the genius« und »the dranker, the original« sein. Neben jede dieser auf englisch notierten Charaktereigenschaften hat Laxness Namen von bekannten Isländern als Vorbild geschrieben, darunter den des Sängers Eggert Stefansson, der ein guter Freund von Laxness war (und blieb). Und er notiert Motive, die das ganze Buch durchziehen sollen, »die schöne, fremde Welt, die vor seinen Augen liegt, ohne daß er sie berühren darf«. Hier begegnen wir einem ähnlichen Gedanken wie dem in *Weltlicht* von der Welt der Schönheit und dem Künstler, der sich nach ihr sehnt, sie aber nicht zu betreten vermag. Zudem sollte das Buch eine Studie über Täuschung und Selbsttäuschung werden. Einmal mehr sehen wir, welch produktive Periode die dreißiger Jahre gewesen waren; Laxness veröffentlichte nicht nur eine Vielzahl von Werken, sondern entwarf auch Pläne zu Büchern, die er erst viel später schreiben würde.

In den Skizzenheften, die Laxness während seiner Arbeit am *Fischkonzert* 1955/56 führt, spielen das Motiv des Gesangs und die Illusionen Gardar

Holms eine große Rolle. Hier werden auch die beiden einander entgegengesetzten Schauplätze des Buchs betont. Er nennt die Leute in Brekkukot »die Elfenmenschen, die einfachen, unverdorbenen Menschen (und doch so unendlich unvollkommen vom Standpunkt der Moraltheologie aus)«, »das Buch soll eine Ode an sie werden, ein Beweis dafür, daß es genau diese Menschen sind, das einfache Volk, in deren Obhut alle menschlichen friedlichen Werte gedeihen«. Es sind Menschen, »die alle große Taten vollbringen, ohne sich etwas darauf einzubilden«. Allen voran die Ziehgroßeltern Alfgrimurs, die außerhalb der Forderungen ihrer Zeit zu stehen scheinen, die ihre Arbeit ohne große Worte verrichten und den merkwürdigsten Leuten Unterschlupf bieten. Die Lebensphilosophie dieser Menschen wurde oft mit dem Taoismus verglichen – Laxness selbst sagte einmal, er sei »die längste Zeit seines Lebens Taoist« gewesen.

Es ist zu fragen, welchen Stellenwert der Taoismus bei Laxness tatsächlich einnimmt. Das Buch *Tao-te-king* war für ihn wohl vor allem eine Aphorismensammlung über den Wert des Niedrigen und die Arbeit ohne Mühe. Laxness hatte das Buch als junger Mann kennengelernt. Der darin beschriebene Weg hat seinen eigenen Lebensweg immer wieder gekreuzt. Im Island der zwanziger Jahre war die Beschäftigung mit fernöstlicher Weisheit eine modische Zeiterscheinung, Laxness übte sich in Taoismus als Lebensphilosophie; als Mystik lag er ihm weniger. Seither stellte er für ihn stets eine Option dar als Alternative zu seinem Weg. Laxness war erfüllt von Arbeitsfreude, von persönlichem und politischem Kampfeswillen und einem unbeugsamen Ehrgeiz, der sich in einer großartigen Karriere manifestierte, doch daneben rumorten in seinem Denken immer die chinesischen Ideen vom Niedrigen, vom Weichen, von der Verneinung, von Mühe und Ehrgeiz und dem Sieg der Demut.

Seine Einstellung zum Taoismus war zunächst ambivalent. In einer Rezension, die er 1942 über eine neue Übersetzung des Buchs *Tao-te-king* schrieb, zitierte er genüßlich einen chinesischen Gelehrten, das Buch würde »die Lehre von der Unwissenheit, die Vorteile der Trivialität und die Wichtigkeit, sich für etwa anderes auszugeben«, predigen (*Sjálfsagðir hlutir,* »Selbstverständlichkeiten«). Mit der Zeit aber nahm der Taoismus immer mehr Platz in seinem Denken ein, nicht zuletzt sichtbar in den Erinnerungsbüchern seiner letzten Schaffensphase. Im Buch Tao heißt es, der Weg führe immer nach Hause.

Schon früher hatte Laxness Bilder von Menschen entworfen, die alles, was das Leben mit sich bringt, gleichmütig akzeptieren, ihre Arbeit wortlos verrichten und außerhalb aller ökonomischen Gesetze stehen, in *Weltlicht* (der Hof unter dem Gletscher), in *Atomstation* und vielleicht sogar in *Die glücklichen Krieger,* aber nirgendwo ist das Bild sorgfältiger ausgemalt als im *Fischkonzert.* Auf den Taoismus wird einmal indirekt verwiesen, als Alfgrimur die morgendliche Arbeit mit seinem Großvater schildert: »Diese Morgen, an denen wir nach den Seehasennetzen im Skerjafjord sahen, sie waren in Wirklichkeit alle ein und derselbe Morgen: Plötzlich sind sie vorüber. Ihre Sterne sind verblaßt; dein chinesisches Buch ist geschlossen.« Dieses chinesische Buch ist das Buch vom Weg, *Tao-te-king.* Wie in ihm ist die Welt von Brekkukot vergänglich, zum einen, weil sie die Welt der Kindheit ist, die man verliert, sobald man sie verläßt, zum anderen, weil sie gegen den unaufhaltsamen Zug der Modernisierung unterliegt.

Halldór Laxness, der als junger Mann mit ungetrübter Freude den Einzug der neuen Zeit in Island begrüßt hatte, beginnt sich Gedanken über jene Werte zu machen, die bei diesem Einzug verlorengingen. Alfgrimurs Pflegeeltern, die er Großvater und Großmutter nennt, reden nicht viel, aber sie leben vor, und als wahrer Philosoph tritt der Aufseher auf den Plan, der sein Hab und Gut verkauft und sein früheres Leben hinter sich läßt, um sich den primitiven Toiletten des Ortes zu widmen. Er wird einmal gefragt: »Ich meine, findest du es nicht ungebührlich, daß ein weiser Mann wie du sein Leben in Buße verbringt, als niedrigster von allen? – Hoch und niedrig, Freund, sagte der Aufseher leise kichernd: Ich weiß nicht, was das ist. (...) Und wenn man über diesen seltsamen Ort nachdenkt, von dem ich dir erzählt habe, die Welt, die es nur einmal gibt, und über seine Verbindung zu dem einen Übernatürlichen, das wir kennen, der Zeit, dann hört das andere auf, höher oder niedriger, größer oder kleiner zu sein.«

Diese Menschen zeichnen sich durch eine schier grenzenlose Güte und Hilfsbereitschaft aus, predigen und kritisieren dagegen liegt ihnen fern. Dem steht der Kaufmann im Laden der Familie Gudmunsen gegenüber, der Vertreter von Reichtum und Macht. Er ist herrisch und kulturlos, aber er weiß, daß es sich bezahlt macht, eine Schleife auf den Fisch zu setzen, wie er es nennt, also sich mit Kultur zu schmücken. Deshalb wird er Mäzen von Gardar Holm und erklärt ihn zum »singenden Fisch dieses Landes«. Selbst als längst klar ist, daß all dies nichts als Täuschung war, hört er nicht auf, Gardars Ruhm zu preisen. In seinem Skizzenbuch spricht Laxness von der »Lobpreisgesellschaft« als dem Gegensatz zu den Elfenmenschen und nennt es »die gemeinsame Verantwortung von mikroskopischen Lokalgrößen, sich gegenseitig zu loben«. Gardar wird zum Opfer seiner Mitwirkung in dieser Verstellungskomödie, er opfert das Ziel des Künstlers, den einen reinen Ton zu finden, für eingebildeten Ruhm und Reichtum. Immer wieder ist von diesem »reinen Ton« die Rede; jeder Sänger muß sich bewußt sein, daß es ihn gibt, obwohl er ihn wahrscheinlich nie wird singen können; er ähnelt der Vorstellung Olafur Karasons in *Weltlicht* von der Schönheit, die er nie erreichen kann. Doch Gardar Holm sucht nicht mehr, er tut, als ob er gefunden habe, und ist doch nicht mehr als der singende Fisch von Kaufmann Gudmunsen.

Das Fischkonzert erinnert in dieser Hinsicht an das Theaterstück vom »Silbermond«, auch sein Thema ist die Kommerzialisierung der Kunst. Laxness' Gesellschaftskritik wird immer mehr zu einer Kritik an einem Wirtschaftssystem, in dem für Geld alles zu haben sein soll. Gardar Holm entstammt demselben Umfeld wie Alfgrimur, doch er verrät die Werte der Kindheit und verliert am Ende alles. Brekkukot mit all seinen verschiedenen Gästen ist ein Haus wie das des Organisten in *Atomstation,* aber die Beziehung der Leute in Brekkukot zur Umwelt ist, wie Peter Hallberg bemerkt hat, viel friedlicher, es knistert hier nicht derart vor Spannungen.

Der junge Alfgrimur träumt davon, wie Gardar Holm in die Welt hinauszugehen und zu singen. Er weiß, daß die Welt von Brekkukot vergänglich ist, aber er weiß auch, daß er deren Werte in sich bewahren und sich zugleich in Demut gegenüber der Kunst üben muß. Im Notizbuch schrieb Laxness: »Sein ständiges Gefühl der Unzulänglichkeit gegenüber dem Gesang, es fehlt ihm an einem ›Gegenwert‹ in sich selbst, um ihn diesem übermächtigen Geschenk des Gesangs entgegenzusetzen.« Der Gesang hat die Rolle der Ideale in *Salka Valka* übernommen, er ist größer als der Mensch. Es sei an die Vision aus Laxness' Kindheit von einer schöneren Welt erinnert, die die unsere transzendiert. Hubert Seelow bemerkte in seinem Nachwort zur deutschen Ausgabe richtig: »*Das Fischkonzert* ist ein Entwicklungs- und Erziehungsroman, und es ist ein Buch über die Konflikte, die beim Übergang von einer alten, ländlich geprägten Gesellschaft zu einer modernen städtischen Lebensform fast zwangsläufig entstehen. *Das Fischkonzert* ist aber auch ein Künstlerroman, der die Suche nach dem Absoluten – dem ›reinen Ton‹ – im Leben wie in der Kunst thematisiert, und es ist eine Parabel von der kulturellen Selbstfindung einer kleinen Nation am Rande der Welt.«

Gardar Holm, zunächst Alfgrimurs Vorbild, wird später zum abschreckenden Beispiel. Am Ende des Buchs bricht Alfgrimur auf in die Welt, mit den Werten seiner Kindheit und Jugendjahre als Gepäck. *Das Fischkonzert* handelt vom Verlust eines Paradieses, denn Brekkukot geht unter, aber auch von dessen Wiedergewinnung, weil es den Leser in der Hoffnung entläßt, daß es in Alfgrimur weiterlebt.

Alfgrimur ist ein Alter ego des Autors; Laxness läßt viele Dinge seiner Jugend in dieses Buch einfließen, von der Standuhr, die immer »e-wig« sagt und über die er bereits als Vierzehnjähriger geschrieben hat, bis hin zum Abschied von der Großmutter und dem Traum vom künstlerischen Erfolg in der großen weiten Welt. Aber es ist, als ob er sich selbst einschärfe, zwischen Echtem und Falschem zu unterscheiden, zwischen der wahren Kunst und dem falschen Ruhm, den wirklichen Werten und den nur vorgegaukelten. Halldór Laxness ermahnt sich selbst zur Bescheidenheit, sein Glaube an die Existenz einer absoluten Wahrheit hat gelitten, dies hat sogar seine Spuren in der Erzählweise hinterlassen. Er vermeidet Sentimentalität und Psychologisieren, die Position des allwissenden Erzählers schwindet immer mehr zugunsten der begrenzten, subjektiven Perspektive der ersten Person. Und Alfgrimur gibt nicht viel von sich preis, er spricht so wenig wie möglich über etwas, das er nicht mit Sicherheit weiß. Gefühle klingen nur zaghaft an, er ist ein Mann der Wahrheitssuche und des »understatement«: »Auch wenn ich auf keinen Fall übertreiben möchte, kann ich nicht verhehlen, daß mir kaum eine andere Erscheinung jemals solchen Eindruck gemacht hat«, sagt er zum Beispiel.

Die Begriffe Annalen und Chronik bekommen bei Laxness immer mehr Bedeutung. Der lebhafte, allwissende, gelegentlich besserwisserische, immer allgegenwärtige Erzähler seiner Jugendwerke ist verschwunden.

Nach Meinung einiger politischer Weggenossen beweise *Das Fischkonzert,* daß der Nobelpreis Halldór Laxness zahm gemacht habe, daß er kein radikaler sozialer Schriftsteller mehr sei, sich vielmehr bemühe, ein stubenreiner Dichter, ein Klassiker zu werden. In der Tat änderte er seine politischen Ansichten zu dieser Zeit. Das hatte aber weniger mit dem Nobelpreis zu tun als mit Ereignissen des Jahres 1956, die einen tiefgreifenden Einfluß auf Laxness ausübten: die Rede Chruschtschows über Stalins Verbrechen und der Einmarsch der sowjetischen Truppen in Ungarn. Sie bedeuteten das Ende seiner politischen Orientierung am Sozialismus sowjetischer Prägung. Von da an pflegte er ein allgemeines Mißtrauen gegen Politik und Politiker, die ohnehin kaum zu seinem Freundeskreis gezählt hatten. Der radikale Ton in seinen Reden und Essays gegen die Vereinigten Staaten und die NATO schwindet, Laxness richtet seine Kritik jetzt in mehrere Richtungen. In einem Artikel mit dem Titel »7. November 1956« schrieb er, der Einmarsch der Sowjetunion in Ungarn sei ein »unverständliches Unglück, ein Schandfleck, der in seiner tragischen Bedeutung nur mit den entsetzlichen Schreckensnachrichten vergleichbar ist, die gegen Ende dieses Winters in Moskau aufgedeckt wurden«. (*Gjörningabók*, »Miszellen«)

Es stimmt auch, daß er anläßlich des vierzigsten Jahrestags des Bestehens der Sowjetunion aus New York ein Glückwunschtelegramm nach Moskau gesandt hatte, datiert vom Oktober 1957. Er sendet es als Schriftsteller, »der sich rund dreißig Jahre lang einen Sozialisten genannt hat, weil er glaubte, der Sozialismus stehe für ein besseres Leben«, und übt auch Kritik: »Meine Wünsche für die UdSSR, heute wie früher, gelten der allgemeinen Wohlfahrt Ihres Volkes in unserer Zeit, geistiger Freiheit, Abwesenheit von Furcht, dem ungehinderten Wachstum von Kunst und Wissenschaft, der friedvollen Blüte eines vielfarbigen Straußes der Zivilisation, all jenen Dingen, die einen sozialistischen Staat zu einem Ort machen, wo das Leben reicher ist und die Menschen glücklicher sind als anderswo, zu einem Ort, wo die meisten Menschen bleiben möchten und niemand wünschte, ihn aus freiem Willen zu verlassen.« (»Miszellen«, Übersetzung von Wilhelm Friese)

In den folgenden Jahren nutzte er seine Bekanntheit im Ostblock und seine Tätigkeit im Weltfriedensrat, um Gnadengesuche für Freunde und Kollegen zu stellen. 1957 sendet er ein Telegramm an János Kádár, damals Ministerpräsident von Ungarn, in dem er ein Todesurteil gegen ungarische Intellektuelle kritisiert, 1958 eines an Chruschtschow, um gegen die Behandlung von Boris Pasternak Protest einzulegen. Am 19. Juni 1958 schickt er eine Bittschrift an den Präsidenten der DDR Wilhelm Pieck wegen der Verhaftung seines dortigen Verlegers: »Es schmerzt mich zu erfahren, daß mein früherer Verleger in der DDR, der zugleich mein einziger persönlicher Freund in ganz Deutschland war, der Direktor des Aufbau-Verlages Walter Janka, schon über ein Jahr aus politischen Gründen in Deutschland in Haft sitzt.« Solche Petitionen hatten bekanntlich nur selten Erfolg, aber sie dokumentieren Laxness' Gesinnungswandel in diesen Jahren. Der kämpferische Sozialist wurde zum humanistischen Skeptiker. Es überrascht nun nicht mehr, daß sein nächstes Buch von der hoffnungslosen Suche eines Mannes nach dem Paradies auf Erden handelte.

Keineswegs aber waren Laxness' Jahre nach dem Nobelpreis nur von politischer Enttäuschung gekennzeichnet. Das Interesse an der Publikation seiner Werke im Ausland war groß, und im Oktober 1957 brachen er und seine Frau Audur zu einer mehrmonatigen Weltreise auf, teils als Privatpersonen, teils auf Einladung von Kulturinstitutionen und offiziellen Stellen. Er hielt Vorträge und erlaubte sich jetzt, nach Fertigstellung des Fischkonzerts, den Nobelpreis und die mit ihm einhergehende Berühmtheit zu genießen. Die beiden fuhren zunächst in die Vereinigten Staaten und besuchten unter anderem Salt Lake City im Bundesstaat Utah, wo sich Laxness wegen seines nächsten Buchprojekts für die Mormonen, besonders die Nachkommen isländischer Mormonen, interessierte; anschließend reisten sie weiter nach San Francisco. Amerikanische Zeitungen befragten Laxness ständig nach seinem vermeintlichen Anti-Amerikanismus; davon wollte er nichts wissen, auch wenn er sich gegen die Präsenz der amerikanischen Armee in Island aussprach.

Von der Westküste der USA fuhr das Ehepaar mit einem Kreuzfahrtschiff nach Japan und von dort auf die Philippinen, danach weiter nach China. Zeugnisse vom Aufbau der siegreichen sozialistischen Gesellschaft interessierten ihn wenig, vielmehr bat er seine Gastgeber darum, ihn mit Taoisten bekanntzumachen, anfangs mit wenig Erfolg. »Die meisten, die ich nach Taoisten und Taoismus fragte, starrten mich verständnislos an und schienen niemanden in der Richtung zu kennen noch zu wissen, von welcher Philosophie ich sprach.« Schließlich gab es doch noch ein Treffen mit einem Tao-Priester in einem verlassenen Taoistenkloster. »Es war ein bescheidener Papst mit altchinesischer

Bildungsmiene in einer knöchellangen Kutte mit weiten Ärmeln, er trug das Zeichen seiner Würde, einen mit schwarzer Seide überzogenen Lamellenhut, auf dem Kopf, hatte einen dünnen langen Kinnbart und war nicht besonders groß.« (»Miszellen«) Von allen chinesischen Begegnungen war diese für Laxness die bedeutendste, nicht weil ihm der Mönch besondere Weisheiten eröffnet hätte, sondern weil sie trotz aller Revolutionen und Verfolgungen von der Jahrhunderte überdauernden Kraft des Taoismus zeugte: »Tao ruft nicht, und doch kommen Menschen dorthin, heißt es im Buch von Tao-te-king.« (ebd.) Laxness griff immer öfter zu diesem Buch; sein Glaube an die Bedeutung des politischen und persönlichen Kampfes hatte gelitten.

Von China aus reiste Laxness nach Indien, wo er Premierminister Nehru und seine Tochter Indira Gandhi traf; der erste Teil von *Sein eigener Herr* war in die indische Sprache Orija übersetzt worden. Knapp einen Monat sah er sich in Indien um, fast wie ein offizieller Gesandter, dann ging es über Ägypten nach Hause. Auch 1958 reiste er viel, unter anderem nach Belgien, Polen und in die Tschechoslowakei, aber inzwischen hatte eine Geschichte erneut in ihm zu arbeiten begonnen. Als er im Herbst 1927 vor dem Tempel und dem Tabernakel der Mormonen-Hauptstadt Salt Lake City gestanden hatte, war ihm die Geschichte in den Sinn gekommen, »die ich als Junge zufällig gelesen hatte, von der Pilgerreise eines armen Kerls um die Welt auf der Suche nach dem verheißenen Land und von den, wenn das möglich ist, noch größeren Leiden, die seiner Familie widerfuhren, nachdem er abreiste. Bevor ich es wußte, hatte ich begonnen, diese Geschichte mit der Wirklichkeit zu vergleichen. Die Idee hat mich dann mehr als dreißig Jahre lang immer wieder heimgesucht.« (*Upphaf mannúðarstefnu*, »Ursprung des Humanismus«) Die erwähnte Geschichte besteht aus zwei kleinen Reiseerzählungen des isländischen Bauern Eirikur Olafsson von Brunir (1823–1900), er schrieb darüber, wie er Mormone wurde und nach Utah pilgerte. Im Sommer 1959 hielt Laxness sich erneut in Utah auf, um seine Schauplätze besser kennenzulernen, das Buch schloß er im Winter 1959/60 ab, den er mit seiner Familie in Lugano in der Schweiz verbrachte. Es erschien im Herbst 1960 unter dem Titel *Paradísarheimt – Das wiedergefundene Paradies*.

Laxness hielt sich wie schon so oft an geschichtliche Fakten. Eirikur Olafssons Reiseberichte waren als Stoff so verlockend, weil dort ein vernünftiger, aber ungebildeter Mann aus dem Volk ganz unprätentiös von seinen abenteuerlichen Reisen berichtet. Laxness' Roman spielt in den siebziger Jahren des 19. Jahrhunderts, die einzige Jahreszahl, die einmal fällt, ist 1874, da man den tausendsten Jahrestag des Bestehens Islands (seit norwegische Wikinger die Insel betreten hatten) feierte. Es war die Zeit der großen Auswandererströme von Europa nach Amerika und eine Zeit, in der es in der primitiven, auf Selbstversorgung ausgerichteten Bewirtschaftung Islands erste Anzeichen von Auflösung gab. Es lockt ›das Gold‹ als Synonym für das Allheilmittel Geld. Daneben spielt die Vorstellung vom verheißenen Land eine große Rolle, auch die Sexualität – sie wird bei Laxness gern unterschätzt, weil er selten offen über sie spricht.

Das wiedergefundene Paradies erzählt vom Bauern Steinar, der mit Frau und zwei Kindern auf seinem Hof Steinahlidar ein ärmliches Dasein fristet. Die Kinder, besonders die Tochter Steinbjörg, bedeuten ihm alles, er will sie vor der Außenwelt schützen und ihre kindliche Unschuld bewahren. Kindheit ist hier ein Synonym für Paradies. Steinar lebt im Grunde in einer verschwundenen Welt, er ist ein spätgeborener Sohn der Sagas. Als der dänische König aus Anlaß der Tausendjahrfeier nach Island kommt, besucht ihn Steinar nach Sitte seiner Vorfahren, um ihm sein Pferd, den einzigen wirklichen Besitz der Familie, zu schenken; der König möchte das Geschenk bezahlen, doch das läßt Steinar nicht zu. Später reist Steinar auf Einladung des Königs nach Kopenhagen, wo er am Hofe seine erste Desillusion erlebt, denn der wirkliche König Islands hat nichts mit dem in seiner Vorstellung gemein. In Dänemark trifft er einen Mormonenbischof wieder, der sich Theoderich nennt; ihm war er schon einmal zu Hilfe gekommen, als er wegen seiner Missionspredigten Prügel erhielt. Steinar beschließt, ihm zu folgen und nach Utah zu reisen, seine Familie will er nachkommen lassen.

Das verheißene Land der Mormonen ist das zweite Synonym für das Paradies und wird in Steinars Wunschvorstellung der Ort, an dem er seine Familie weiterhin vor der grimmigen Außenwelt zu beschützen vermag. Prediger Theoderich opfert alles seinem Ideal: »›Mormone wird nur der, der alles dafür gegeben hat‹, sagte er. ›Es kommt niemand mit dem Gelobten Land zu dir. Du mußt selber durch die Wüste gehen. Du mußt Heimat, Familie und Besitz verlassen. Das ist ein Mormone. Und wenn du zu Hause nur die Blumen hast, die man in Island Unkraut nennt, so verläßt du sie. Du führst dein junges blühendes Mädchen in die Wüste. Das ist ein Mormone.‹«

Während Steinar in Utah die Ankunft seiner Lieben vorbereitet, haben diese Hof und Besitz verloren und leben in äußerster Armut. Sie sind die Opfer der neuen Zeit geworden durch Männer wie den reichen Bauern Björn von Leirur, der ›das Gold‹ ins Paradies bringt. Er kauft alles auf, auch Pferde, die er dann an Minenbetreiber nach Schottland verkauft – für Steinars Kinder das schrecklichste Schicksal, das einem so wunderbaren Geschöpf widerfahren kann. Mit Gold zahlt er auch für Steinbjörgs Jungfräulichkeit, deren Wehrlosigkeit und Unwissenheit er ausnutzt. Als sie von ihm schwanger wird, versucht er sie an einen Junggesellen auf einem benachbarten Hof zu verkaufen.

Laxness richtet seine Kritik einmal mehr gegen den Glauben von der Käuflichkeit allen Seins, aber er widersteht auch der Versuchung, die traditionelle Lebensweise auf dem Land schönzureden. Steinbjörg liebt und verehrt ihren Vater grenzenlos, aber damit wird sie auch zum Opfer seiner Illusionen, ein Thema, das bereits durch Bjartur und Asta Sollilja in *Sein eigener Herr* zur Sprache gebracht worden war. Als die Familie endlich Steinar nach Amerika folgt, ist seine Frau schon so geschwächt, daß sie an Bord des Schiffes stirbt, während drei junge Abenteurer Steinbjörg sexuell mißbrauchen. Aus Mitleid nimmt sie Bischof Theoderich zu seiner – vierten – Frau.

Utah erweist sich natürlich nicht als das Land aus Steinars Träumen, dort leben auch nur Menschen, keine Heiligen, wenngleich Theoderich seinen Bewohnern einen spirituellen Mehrwert bescheinigt: »Solche Schuhe kann ein Lutheraner nie bekommen, Freund. Solche Schuhe werden nur von den Heiligen angefertigt. Solche Schuhe sind ein Beweis dafür, mein Junge, daß die Kirche der Heiligen der letzten Tage auf der Allweisheit begründet ist.« Parallelen zu den Rechtfertigungen sowjetischer Ideologen für ihr System müssen sich dem aufmerksamen Leser förmlich aufdrängen. So auch, als Theoderich, während er auf die Ruinen seines Elternhauses zeigt, zu Steinars Frau sagt: »Diese Ruinen sind ein Zeugnis dafür, daß jedes Anwesen veröden muß, wenn die Menschen falsche Ansichten haben.« Aber die Frau antwortet: »Da waren einmal die Höfe, wo die Leute zu essen und anzuziehen hatten, und dann die Höfe, wo die Leute weder zu essen noch anzuziehen hatten. Doch glaube ich nicht, daß es danach gegangen ist, ob die Leute die richtige Gesinnung hatten; zum Glück allerdings auch nicht im Gegenteil.«

Laxness' Bild von der Gesellschaft der Mormonen ist keineswegs nur düster, es ist auch ironisch gezeichnet, zum Beispiel in der Beschreibung der Glaubenskämpfe um die Polygamie. Eine Gruppe von Frauen führt einen Kampf unter der Parole »Polygamie oder Tod«, über sie heißt es: »Diese auserlesenen Frauen strahlten vor Idealismus und rechten Anschauungen und hatten heitere Unschuldsmienen, wie sie am schönsten bei Nonnen vorkommen.« Auf die Polygamie kommt Laxness mehrfach zu sprechen. Björn von Leirur etwa beschafft sich auf Island so viele Frauen und Mädchen, daß er sie nach einiger Zeit kaum wiedererkennt, er ist in der Beziehung gleichsam ein praktizierender Mormone. Aber als er gegen Ende der Geschichte tatsächlich beschließt, Mormone zu werden, ist er zu gebrechlich zum Sexualverkehr. Laxness macht sich immer gern über bürgerliches Durchschnittsverhalten lustig, aber die Polygamie ist im Buch sicher nicht der paradiesische Zustand seiner Propheten.

Steinar erkennt seine Tochter inmitten der protestierenden Frauen und versucht sie anzusprechen: »Die vierte Frau des Bischofs blickte ihren Vater aus jener Ferne an, wie sie eines Tages zwischen zwei Herzen entsteht.« Steinar hat seine Familie ins verheißene Land geholt und sie zugleich verloren. Am Ende fährt er zurück nach Island zu den Ruinen seines Hofes und beginnt die Mauern auszubessern, denn mit Steinen umgehen konnte er schon immer gut:

»Ein Mann, der vorüberging, sah, daß ein Fremder an den Mauern dieses verödeten Anwesens herumwerkte.

›Wer bist du?‹ fragte der Wanderer. Der andere antwortete: ›Ich bin der Mann, der das Paradies wiederfand, nachdem es lange verloren war, und es seinen Kindern schenkte.‹

›Was will ein solcher Mann hier?‹ fragte der Wanderer.

›Ich habe die Wahrheit gefunden und das Land, in dem sie wohnt‹, bekräftigte der Mauernschichter. ›Doch jetzt kommt es vor allem darauf an, diese Wiesenmauern wieder aufzurichten.‹

Dann fuhr der Bauer Steinar fort, als ob nichts geschehen wäre, Stein auf Stein in die alten Mauern zu fügen, bis in Hlidar an den Steinahlidar die Sonne untergegangen war.«

So schließt das etwas schwermütige Buch. Es hat auch Humor, aber ihm fehlt die Leichtfüßigkeit früherer Werke, der Schmerz ist immer gegenwärtig. Der Schluß erinnert an *Die glücklichen Krieger,* beide Bücher erzählen von Männern, die einen Leidensweg gehen und Opfer bringen für Ideale, die sich als Täuschung erweisen. Wenn Steinar etwas gelernt hat, dann das, was er bereits wußte, nämlich den Wert guter Arbeit zu schätzen und sich keinen Illusionen hinzugeben. Laxness hat unmerklich seine Lehre etwa aus *Salka Valka* auf den Kopf gestellt: Wo früher die Ideale die Menschen überragten, steht nun der Mensch über allen Idealen, nicht triumphierend, sondern voll Trauer.

Der Schmerz des Buchs liegt in dem, was Laxness mit seiner Hauptfigur verbindet, ein Gefühl, das er indirekt in einem Artikel anläßlich der amerikanischen Ausgabe erwähnt: »Um die Wahrheit zu sagen, so glaube ich, um ein Buch über das verheißene Land zu schreiben, muß man dies Land selbst gesucht und auch gefunden haben. Man muß zumindest aus seinem eigenen Leben all die Gelegenheiten kennen, die mit solch einem Gedanken in Zusammenhang stehen; man muß sich einmal selbst auf eine Pilgerreise begeben haben, selbst Meere in Kajütenplätzen gekreuzt haben, die besser für das Vieh geeignet waren, zu Fuß große Wüsten durchwandert haben, ständig mit sich selbst im Inneren und mit den Dingen um einen herum gekämpft haben, für Jahre, um sich das Land anzueignen. (...) Und zwischen dem Tun, von dem er auszog, und dem Tun, zu dem er zurückkehrte, liegen nicht nur Königreiche und Ozeane und Wüsten der Welt, sondern auch das verheißene Land.« (*Upphaf mannúðarstefnu,* Übersetzung von Wilhelm Friese)

Das wiedergefundene Paradies ist ein Vorbote jener schonungslosen Abrechnung mit dem Sowjetsozialismus, die in Laxness' Buch *Zeit zu schreiben* (*Skáldatími,* 1963) stattfindet, seinem ersten Erinnerungsbuch und dem einzigen, das sich seinen Mannesjahren widmet. Es ist ein ungemein wertvolles Zeugnis seiner Sinnsuche in den zwanziger Jahren, seines Katholizismus in der Zeit des *Großen Webers von Kaschmir,* ein Zeugnis auch seiner Beurteilung von Autoren und Büchern, die er in jungen Jahren gelesen hatte, und seiner literarischen Entwicklung zum sozialen Roman. Er erzählt von seiner Bekanntschaft mit vielen Zeitgenossen, von isländischen Sonderlingen bis hin zu Stefan Zweig und Bertolt Brecht. Sein Bericht ist meist sparsam, er ist von jener Mühelosigkeit, die soviel Mühe macht. Laxness versteht sich jetzt als skeptischen Humanisten, dem ideologische, weil allzu rasch totalitäre Konstruktionen zuwider sind. Er macht auch einige durchaus herablassende Aussagen zur deutschen Philosophie und zu Autoren, die seiner Meinung nach zu stark von ihr beeinflußt sind, Thomas Mann etwa. Aus heutiger Sicht fällt auf, wie sehr er gelegentlich dem Wissenschaftsglauben der sechziger Jahre anhängt, wenn er zum Beispiel meint, Psychologie und Soziologie würden in Zukunft nur als Unterabteilungen von Physik und Chemie Bestand haben.

Doch bei der Abrechnung mit dem Sowjetsozialismus herrscht kein Zweifel: »Der Nationalsozialismus ist, wie auch der Stalinismus, undenkbar ohne Marx. Es war kein Zufall, daß diese zwei sich verbündeten.« Ein Mann, der einst den Hitler-Stalin-Pakt und die Moskauer Prozesse verteidigt hatte, muß viel Platz darauf verwenden, diese Position zu erklären – und zu bereuen. Er schreibt:»Der größte Fehler von uns Linkssozialisten war die Gutgläubigkeit. Es ist in den meisten Fällen ein größeres Verbrechen, leichtgläubig zu sein, als ein Lügner. Wir hatten uns an der Revolution begeistert und verbanden mit dem Sozialismus unsere Hoffnungen, daß der Erlöser auferstanden sei, auch wenn er die Nagelwunden betastet. Selbst als wir es unmittelbar vor Augen hatten, wollten wir nicht erkennen, welcher Gesellschaftszustand unter Stalin herrschte – dies nicht deshalb, weil andere uns vorschwärmten, wie gut er sei, sondern weil wir uns selbst belogen. Die Verleugnung von Tatsachen begleitet oft die kostbarsten Hoffnungen und Ideale der Menschen.«

Zeit zu schreiben wurde rasch in die Sprachen Skandinaviens übersetzt. Die Abrechnung des Dichters, den manche noch immer für den berühmtesten nordischen Kommunisten hielten, erregte viel Aufmerksamkeit. Laxness' politische Weggenossen in Island erschraken, obwohl diese Diskussion unter den europäischen Sozialisten längst geführt wurde. Doch in Island war die sozialdemokratische Partei damals schwach und rechtsorientiert, Sowjetkommunisten führten lange die Zügel in der Sozialistischen Partei, der Laxness seit ihrer Gründung 1938 angehörte. Sie zögerte, ihn anzugreifen, der so lange ihr bestes Aushängeschild gewesen war. Es war bezeichnend, daß der bekannteste Schriftsteller der Linken, Thorbergur Thordarson, einen langen Artikel über *Zeit zu schreiben* veröffentlichte, in dem er nur ein einziges Kapitel behandelte und gleichsam stellvertretend verriß, und zwar das über ihren gemeinsamen Freund Erlendur Gudmundsson, das Vorbild des Organisten in *Atomstation*.

Laxness hat ihm indirekt geantwortet, mit der kurzen, eleganten Erzählung *Jón í Brauðhúsum*, in der sich zwei der Jünger Christi über dessen Auftreten und wirkliche Erscheinung streiten. Sie steht in dem Band *Sjöstafakverið* (»Siebenbuchstabenfibel«, 1964), Laxness' einzigem Erzählwerk zwischen *Das wiedergefundene Paradies* (1960) und *Am Gletscher* (1968).

Warum hat Laxness, der große Romancier, so lange keinen Roman geschrieben? Seine Enttäuschungen in den Jahren um 1960 betrafen nicht nur die Politik, sie waren auch literarischer Natur. Wirtschaftlich gesehen ging es ihm nicht schlecht. Allerdings hatte er in den frühen Sechzigern Pech mit dem Sohn des dänischen Rechtsanwalts, der seine Auslandsverträge besorgte und seine Einkünfte aus dem Ausland, darunter auch das Nobelpreisgeld, verwaltete, denn als der das Büro des Vaters übernahm, brachte er ihn um das gesamte Geld; der Verlust wurde später vom Verein der dänischen Rechtsanwälte wiedergutgemacht. Laxness konnte sich weiterhin leisten, viel im Ausland zu sein, er war im Winter 1961/62 mit der Familie in Wien, regelmäßig verbrachte er das Frühjahr und den Herbst im Ausland, um zu schreiben. Audur besorgte in bewährter Weise die praktischen Dinge; kurz bevor er 1961 nach Rumänien reiste, wünschte er sich zum Beispiel, daß sie ihm einen Swimmingpool bauen lasse, was sie dann auch tat. Er war stets gut gekleidet, wohnte in erstklassigen Hotels und leistete sich teure Autos, einen Buick oder Jaguar. Er genoß die Früchte seiner Arbeit.

Doch ihn plagten Zweifel über das, was er am besten konnte, Romane schreiben. Die anhaltende Diskussion innerhalb der europäischen Avantgarde über den »Tod des Romans« ließ ihn nicht unbeeindruckt. Unzufrieden war er vor allem mit Lösungen zur Rolle des Erzählers im Roman. Im Aufsatz »Persönliche Notizen zu Romanen und Schauspielen«, 1963 in der sowjetischen Zeitschrift *Literaturnaja Gazeta* erschienen, schrieb Laxness: »Die Frage hat den, der hier die Feder führt, lange heimgesucht, was man mit einem Mann anstellen soll, den wir Plus X nennen wollen. Wer ist Plus X? Das ist der Uneingeladene, namenlos und mit unbestimmtem Paß, der immer wie ein Schaulustiger überall in jedem Roman zugegen ist. Dieser Herr ist nie so zurückhaltend, sich hinten in der Reihe anzustellen, sondern gibt sich nicht mit weniger als dem Thron nahe der Mitte der Erzählung zufrieden, sogar in den Geschichten, in denen der Autor sein bestes tut, sich nicht selbst mit dem

Halldór Laxness fotografiert

Mitte der fünfziger Jahre kaufte Laxness sich eine gute Kamera, in den nächsten zehn Jahren photographierte er viel – und fing natürlich mit sich selbst an.

Laxness' Portrait von seiner Frau Audur stammt aus dem Jahr 1955.

Im selben Jahr photographierte Laxness seine Tochter Sigridur.

Laxness bekanntestes Foto: Bei seinem China-Besuch interessierte es ihn viel mehr, ein taoistisches Kloster zu besuchen, als etwas Neues über die KP in Erfahrung zu bringen. Zu guter Letzt brachten ihn die Gastgeber über holprige Straßen in ein solches Kloster am Rande von Beijing, wo er diesen Mönch photographierte.

In Island hielt mit dem Krieg der Reichtum seinen Einzug und die Moderne traf auf die alte Bauerngesellschaft. So sah Laxness selbst es, als er sein Auto photograhpierte.

Ein Photo aus Indien: Pilger am Ganges

1959 besuchte Laxness wieder Los Angeles, wo er vor dreißig Jahren gelebt hatte, und traf unter anderem seinen alten Bekannten Upton Sinclair.

Erzähler zu identifizieren.« Laxness meint die Stimme des allwissenden Erzählers, die, und sei sie noch so zurückgedrängt, kaum ganz zu umgehen ist. In seinen frühen Romanen hatte ihn das Problem nicht sehr beschäftigt, nun aber unternimmt er Kraftanstrengungen, um Wege aus der Perspektive des allgegenwärtigen Erzählers zu finden. Er diskutiert daher die Möglichkeiten des Theaters, jener Kunstform, die erzählt, ohne einen Erzähler zu haben. In den frühen sechziger Jahren schrieb er drei Theaterstücke: *Strompleikurinn* (»Das Kaminspiel«, 1961), *Prjónastofan Sólin* (»Die Strickerei ›Die Sonne‹«, 1962) und *Dúfnaveislan* (»Das Taubenbankett«, 1965).

Es wird, wahrscheinlich zu Recht, gesagt, Laxness sei kein sehr guter Dramatiker gewesen, jedenfalls sind seine Stücke nicht häufig aufgeführt worden. Laxness treibt sein Spiel mit dem Absurden, auch wenn es nicht eigentlich absurdes Theater ist. Die Stücke sind voller Witz, Anspielungen, schwer verständlicher Symbolik und harscher Kritik an der Konsumgesellschaft. Über das wohl schwierigste, »Die Strickerei ›Die Sonne‹«, schrieb Laxness in sein Notizbuch: »Ein Stück über Schwerbehinderte und Schönheitsköniginnen, die wegen eines Witzes einen Krieg anzetteln.« Die Stücke erinnern eher an Dürrenmatt denn an Beckett oder Brecht. Laxness läßt in ihnen Repräsentanten zweier sehr verschiedener Welten antreten und hetzt sie aufeinander los. Aus diesem Aufprall beziehen sie ihre Spannung. Es sind die Sphären zweier Welten, wie sie aus dem *Fischkonzert* und dem »Silbermond« bekannt sind, und vielleicht hatte Laxness diesen Ansatz inzwischen etwas ausgereizt, trotz manch origineller Idee brachten ihn die Stücke nicht weiter.

Laxness befand sich in einer Sackgasse. Das Ausland war an seinen Stücken nicht interessiert, und 1963 sagte er in einem Interview, er wolle keine Romane mehr schreiben, nur noch Stücke und Essays, und zwar auf Dänisch, Deutsch und Englisch (GT, Göteborg). Verbitterung kam da zum Ausdruck, erstmals in seinem Leben glaubte er seinen isländischen Lesern nichts mehr zu sagen zu haben. Im inneren Widerstreit zwischen dem Weltbürger und dem Isländer hatte der erstere wieder die Oberhand. Aber die Welt wartete nicht gespannt auf den neuen Laxness. Es war eine Zeit der verlorenen Illusionen.

Allgemein war in den sechziger Jahren das Interesse an breit angelegten sozialen oder historischen Romanen, mit denen Laxness seinen Weltruhm erlangt hatte, erheblich geschwunden. Laxness war inzwischen über sechzig

Jahre alt, es schien, als neige sich seine schriftstellerische Karriere dem Ende entgegen. Aber es kam anders. Er profitierte von seinen Erfahrungen mit dem Theater, als er sich wieder an einen Roman machte, *Am Gletscher*. Dies war der Beginn der bemerkenswerten und fruchtbaren Endphase seines Schaffens. Nachdem er für die Welt gesungen hatte, kehrte er zurück nach Island, auf die Hauswiese bei Laxnes, dem Schauplatz seiner Kindheit und dem seiner letzten Werke.

Auf der Hauswiese – Bilanz eines Jahrhunderts

Rückkehr nach Laxnes
1968 bis 1998

Am Gletscher (Kristnihald undir jökli) aus dem Jahr 1968 ist das vielleicht vieldeutigste Buch von Halldór Laxness; er setzt sich in ihm literarisch wie gedanklich mit jenen Fragen auseinander, die ihn die sechziger Jahre hindurch – und manche sein Leben lang – beschäftigt haben. Der Roman, dessen erste deutsche Ausgabe »Seelsorge am Gletscher« hieß, erzählt von einem 25jährigen Theologen, den der Bischof von Island in eine abgelegene Gegend unterhalb eines Gletschers schickt, um das Pfarramt eines Mannes namens Jon Primus unter die Lupe zu nehmen. Während dieser Inspektionsreise wird der junge Mann in unglaubliche Vorkommnisse verstrickt; dabei spielen ein alter Freund des Pfarrers, Godman Syngmann, und die Frau des Priester namens Ua, die seit 35 Jahren nicht mehr daheim gesehen wurde, eine zentrale Rolle. Der Gletscher ist der Snaefellsjökull in Westisland, durch den schon bei Jules Verne die *Reise zum Mittelpunkt der Erde* angetreten wurde.

Der junge Vertreter des Bischofs, kurz »Vebi« genannt, stellt fest, daß die Amtsführung des Jon Primus, gelinde gesagt, unkonventionell ist: Er hält keine Gottesdienste, läßt die Kirche verfallen und versieht keine der üblichen Aufgaben eines Pfarrers, ist andererseits wegen seines Geschicks beim Reparieren von Maschinen weithin beliebt. Des weiteren findet Vebi heraus, daß Godman Syngmann viele Jahre zuvor die junge Frau des Pfarrers an ihrem Hochzeitstag entführt hatte. Danach hatten sich ihre Wege wieder getrennt; Godman Syngmann wurde durch Waffenschiebereien reich, nennt sich Professor Doktor, predigt ein unverständliches Mischmasch pseudowissenschaftlicher Theorien und ist in seine alte Heimat zurückgekehrt, um Ua wieder ins Leben zurückzuholen, von der es heißt, sie sei gestorben. Ua taucht tatsächlich wieder auf. Sie ist kreuz und quer durch die Welt gezogen von Nonnenklöstern in Bordelle und besitzt noch immer eine magische Anziehungskraft, der kein Mann widerstehen kann. Kaum hat sie aber den jungen Theologen in ihren Bann gezogen, entschwindet sie auch schon wieder so schnell, wie sie gekommen war.

Laxness umgeht hier Probleme der Erzählperspektive, indem er über weite Strecken Dialoge wie im Drama schreibt. Der Erzähler bekommt ein Tonbandgerät mit auf die Reise, Laxness läßt ihn Gespräche aufzeichnen und gewissenhaft alles notieren, was er zu Gesicht bekommt, ganz im Sinne seines Auftrags, nur einen Bericht zu schreiben und das Erfahrene nicht zu beurteilen. Natürlich geht es in der Gemeinde viel komplizierter und geheimnisvoller zu, als ein nüchterner Bericht einzufangen vermag, dies wird sogleich beim ersten Treffen zwischen Vebi und dem Pfarrer deutlich. *Am Gletscher* zählt zu jenen Werken, die auch von ihrem Geschriebenwerden handeln und von der Schwierigkeit, Erfahrenes in Worte zu kleiden.

Wie schon so oft stellt Laxness im Roman vieles von dem in Frage, was er in seinen Essays offensiv vertritt, hier zum Beispiel den Wissenschafts- und Technikglauben, wie er in *Zeit zu schreiben* zum Ausdruck kam. *Am Gletscher* hat mit Empirismus nichts zu tun, trotz oder gerade wegen Vebis ehrlichem Willen, einen objektiven Bericht zu verfassen. Laxness läßt Jon Primus sagen: »Ich meine bloß, daß Wörter, Wörter, Wörter und die Schöpfung zweierlei sind; zwei nicht zu vereinbarende Dinge. Ich sehe nicht, wie die Schöpfung in Wörter verwandelt werden kann, noch weniger in Buchstaben – nicht einmal in eine Lügengeschichte. Eine Geschichte ist stets etwas anderes als das, was wirklich geschehen ist. Die Tatsachen sind von dir abgerückt, ehe du die Geschichte zu erzählen beginnst. (...) Der Unterschied zwischen einem Dichter und einem Historiker besteht darin, daß der Dichter wissentlich zu seinem Vergnügen lügt; der Historiker lügt in seiner Einfalt und bildet sich ein, daß er die Wahrheit sagt.«

Dieser Begrenztheit der Wörter steht die Musik gegenüber, die wortlose Kunst. Laxness gebraucht dazu erneut den Gesang der Vögel als Symbol. »Es ist schade«, sagt Sira (= Pfarrer) Jon, »daß wir einander nicht anzwitschern wie die Vögel. Wörter verwirren.« Und an anderer Stelle: »Es macht Spaß, den Vögeln zuzuhören. Aber es wäre alles andere als ein Vergnügen, wenn die Vögel stets die Wahrheit zwitscherten.« Dieser Gedanke steht in direktem Gegensatz zum Auftrag des Bischofs: »Ich bitte um Tatsachen. Das übrige ist meine Sache.« Vebi scheitert an Jons Lebenseinstellung, so wie sein Vorsatz, sich nicht einzumischen und objektiv zu bleiben, durch Ua zunichte gemacht wird. Schon der Name Ua klingt wie ein Vogelruf.

Aber die Lebensphilosophie von Jon Primus umfaßt mehr als den Gedanken von den Grenzen der Wörter; Jon gehört zweifellos zu Laxness' ›taoistischen‹ Figuren, geistig ist er mit dem Organisten in *Atomstation* und den Leuten von Brekkukot im *Fischkonzert* verwandt. Damit bekommt auch der Vergleich mit den Vögeln eine tiefere Bedeutung, denn man kann mit Wilhelm Friese sagen, daß Jon Primus ernst macht mit den Worten des Evangeliums: »Seht euch die Vögel des Himmels an: Sie säen nicht, sie ernten nicht und sammeln keine Vorräte in Scheunen.« Er zählt zu jenen, die sich ihr Leben einrichten und ansonsten abseits der Zeit stehen, jenseits des gesellschaftlichen Engagements, für welche Sache auch immer. Seine Philosophie stützt sich auf das wenige, was ihn die Erfahrungen des Lebens gelehrt haben. Wörter und Theorien sind für ihn Blendungen, seine Theologie verstößt gegen jede Orthodoxie.»Wer einen Berg verehrt, wie es unzählige Völker getan haben«, sagt er zu Vebi, »dessen Gott ist der Berg; der Stein, wenn du einen Stein anbetest; der Stock, wenn du an einen Stock glaubst; und so weiter: ein Strom, Wasser in einer Quelle, Wasser in einer Schale; Fisch, Brot, Wein; ein Kalb wie ein Elfenwidder; und die Jungfrau Maria aus einem bemalten Stück Holz ist nicht geringer als die weitschößige Witwe Libido oder das knochendürre Trollweib, die Revolution, die das Menschenopfer will.«

Jon Primus hält nichts von Theorien; die Aphorismen, die er ständig parat hat, bilden keine Einheit, er ist vielmehr ein Mann des Zweifels, des Fragens – und der Wehmut. Sein Leben ist gezeichnet von der Niederlage, die ihm sein Jugendfreund, der spätere Godman Syngmann, zufügte, als er ihm nahm, was ihm am meisten bedeutet hatte, seine junge Frau. Godman Syngmann ist das Sinnbild des skrupellosen Händlers, der sein Tun durch uferlose Systeme stützt. »Ich habe eine Offenbarung in sechs Bänden geschrieben, da steht alles drin. In meiner Abhandlung über Bioastrochemie wird chemisch-wissenschaftlich erklärt, was Teufel sind und weshalb sie vom übermäßigen Wachstum befallen sind«, sagt er. Godman Syngmann ist gekommen, um einen riesigen Lachs zum Leben zu erwecken; dieser, so sagt er, sei Ua, die er nach ihrem Tod in einen Fisch verwandelt habe. »Wir induzieren Leben«, sagt er zu Sira Jon. »Wir leiten Leben aus einem Körper in einen anderen: Biotelekinesis.«

Die leicht absurde Episode mit Godman Syngmann, der drei Jünger, Vertreter einer Art aberwitziger Hippiephilosophie, mitbringt, nutzt Laxness zu zahlreichen ironischen Seitenhieben auf die Gesellschaft seiner Zeit, auch zu allerlei Wortspielen und Witzen, an denen er stets sein Vergnügen hatte. Dies sollte nie außer acht gelassen werden; Literaturwissenschaftler, die hier alles ernstnehmen, laufen ähnlich wie bei James Joyce Gefahr, in die Irre geführt zu werden. Für Laxness gilt, was Vebi über Jon Primus schreibt: »Witzeleien hört er sich stets an, auch wenn es Spitzfindigkeiten sind.«

Jon Primus und Godman Syngmann sind Jugendfreunde, die verschiedene Wege gegangen sind, Jon nach innen, Godman hinaus in die Welt, aber beide glauben an den Gletscher, der über ihnen wie ein Symbol für die Geheimnisse des Lebens aufragt, ein Ort, den man aufsucht, sowohl um Leben zu erwecken als auch um sich von ihm zu verabschieden.

Schillerndster Repräsentant des Lebens ist wieder einmal eine Frau, die geheimnisumwobene Ua. Als sie unversehens am Gletscher auftaucht, begegnet sie dem Mann wieder, den sie am Hochzeitstag verlassen hat. Und noch immer besitzt sie, nun 52 Jahre alt, die Macht, jungen Männern wie Vebi den Kopf zu verdrehen; er ist 25 Jahre alt, als er ihr begegnet. »Ich steckte das Notizbuch ein und wischte mir den Bericht mit der Hand vom Gesicht wie einen Mückenschwarm«, so sehr ist Vebi von ihrer Erscheinung geblendet. Und wenig später überlegt er: »Wer bin ich, daß mir der Zauber zuteil wurde, der Gestalt zu begegnen, nach der Goethe vergeblich gesucht hat – der Frauengestalt der Ewigkeit?« Diese überhöhte Liebe, die sie in ihm entfacht, bringt ihn für einen kurzen Moment um seine starre Geradlinigkeit. Vebi folgt ihr in ein verlassenes Haus, wo sie in dichtem Nebel seinen Blicken entschwindet. Vor dem Haus ruft er nach ihr. »Kein Lebenszeichen im Haus. Schließlich war meine Geduld zu Ende, und ich schrie mit allen Kräften des Leibes und der Seele dieses eine Wort, so daß die fremden Schafe, die um das Haus lagerten, entsetzt davonstoben:

›Ua!‹

Die Antwort auf diesen sonderbaren Ruf war ein rauher Schrei wie der einer Mantelmöwe, und wiederum ganz anders, aus dem Nebel. Als ich aufmerksamer lauschte, glaubte ich Gelächter zu hören, das mir bekannt vorkam: Es war die Frau in dem anderen Haus. Sie lachte und lachte. Das ganze Haus lachte.«

Der Vertreter des Bischofs macht sich wieder davon. Eine Idee von der Liebe ist ihm in Gestalt einer Frau erschienen, die nicht von dieser Welt ist und die verschwindet, als er sie zu fassen sucht. Darin ähneln sich *Weltlicht* und *Am Gletscher,* auch darin, daß in beiden Büchern der Gletscher zum Symbol des Geheimnisses des Daseins wird, ein Symbol, das niemand wirklich zu deuten vermag. »Der Gletscher steht offen«, antwortet Jon Primus, als ihn Vebi fragt, warum die Kirche geschlossen sei. Und wenig später: »Jetzt freue ich mich schon darauf, von diesem verantwortungsvollen Amt fort und in den Gletscher einzugehen.« Auch Olafur Karason ging auf einen Gletscher, um sich vom Leben zu verabschieden und die Liebe zu finden. In diesem Buch ist der Gletscher noch mehr ein Symbol des Todes. Das Kapitel, das einfach »Der Gletscher« heißt, endet mit den Worten: »Des Nachts, wenn die Sonne hinter den Bergen steht, wird der Gletscher zu einem stillen Schattenbild, das in sich selbst ruht und Menschen und Tieren das Wort ›nie‹ zuatmet, das vielleicht ›stets‹ bedeutet. Komm, Hauch des Todes!«

Mittlerweile ist *Am Gletscher* einer der literaturwissenschaftlich am intensivsten untersuchten Laxness-Romane – über ihn schrieb zum Beispiel Susan Sontag ihren letzten Essay. Das mag daran liegen, daß es sich eigentlich um einen Ideenroman handelt. Er ist über weite Strecken wie ein Drama konzipiert, in dem die auftretenden Personen ihre Auffassungen und Ideen diskutieren – Diskussionen, oft mit äußerster Brillanz geführt, die vor dem Hintergrund der Krise des Romans in den sechziger Jahren und der persönlichen Orientierungskrise des Autors besonders interessant sind. Aber die Figuren müssen sich den Regeln des Disputs unterwerfen, das Buch erreicht nicht die erzählerische Lebendigkeit vieler früherer Romane. Das Mitgefühl mit den Menschen, der »Ursprung des höchsten Gesangs«, wie es in *Sein eigener Herr* heißt, wird hier diskutiert, aber nicht praktiziert. Von daher ist *Am Gletscher* auch ein trauriges Buch, trotz seiner vielen witzigen Wortspiele. Laxness glaubt nicht mehr an die Fähigkeit des Romans, unmittelbar zu berühren. Das Buch wird zu einem bedeutenden und gehaltvollen Text in der eigentlichen Bedeutung des Wortes textus = Geflecht, aber es erweckt im Leser zumeist weder Mitleid noch Ablehnung.

Am Gletscher war das untrügliche Zeichen von Laxness' enormem Erneuerungspotential. Es gelang ihm, verschiedene Elemente des ›modernistischen‹ Erzählens und des seinerzeit so erfolgreichen Dokumentarromans zu vereinen und dennoch seinen alten Themen treu zu bleiben. Das Buch wurde mit dem damals wichtigsten isländischen Literaturpreis, Dem Silbernen Pferd, ausgezeichnet. Insgesamt waren die Jahre um 1970 eine Zeit zahlreicher Anerkennungen; Laxness wurde zum Ehrenmitglied diverser Künstlergesellschaften und zum Ehrendoktor der Universitäten von Åbo (Turku), Reykjavík, Edinburgh und Tübingen ernannt. Trotz seines Engagements für soziale Themen hatte Laxness nie sehr intensiv an einer Verbandsarbeit teilgenommen. Er wirkte in verschiedenen Kulturvereinen mit und war zwischen 1960 und 1968 einer der drei Vizepräsidenten des europäischen Schriftstellerverbandes COMES (Communità Europea degli Scrittori). Auf internationaler Ebene setzte er sich für die Urheberrechte von Autoren ein und wurde 1966 Präsident der Theaterabteilung unter der Berner Konvention; dies hatte eine sehr umfangreiche Korrespondenz über urheberrechtliche Fragen zur Folge, Briefe kamen in Säcken nach Gljufrasteinn, sehr zu Laxness' Leidwesen, der sich bald wieder dieser Aufgabe entledigte.

1969 erhielt Laxness den bekanntesten dänischen Kulturpreis, den Sonning-Preis, der von der Universität Kopenhagen verliehen wird. Bei der Preisverleihung sah sich Laxness einer Demonstration von Studenten ausgesetzt. Die dänische Studentenbewegung behauptete, das Preisgeld sei durch Immobilienschacher unrechtmäßig erworben worden, und forderte Laxness dazu auf, den Preis abzulehnen. Unter den Demonstranten waren auch einige Isländer, was Laxness, das Ehrenmitglied des Vereins isländischer Studenten in Kopenhagen, schmerzte. Er mokierte sich darüber, daß jener Verein, der ihn zum Ehrenmitglied gemacht hatte, nun mit Transparenten in dänischer Sprache gegen ihn marschierte.

Während Laxness im Ausland geehrt wird, drehen sich seine Gedanken immer mehr um den Schauplatz seiner Kindheit; sein nächstes Buch *Kirchspielchronik* (*Innansveitarkronika*, 1970) spielt in seiner Heimatgemeinde Mosfellssveit. Die Kirchspielchronik erzählt vom Schicksal einer kleinen Kirche, die abgerissen und einhundert Jahre später wieder aufgebaut wird. Laxness selbst tritt hier als Chronist auf und erzählt die Geschichte auf drei Ebenen: in der Gegenwart im Jahr der Wiedereinweihung der Kirche 1965; in einer Zeit dreißig bis vierzig Jahre zuvor, wobei der Chronist eine Art Interview mit der betagten Dienstmagd Gudrun Jonsdottir führt, und fast ein Jahrhundert zuvor, als eine Handvoll Bauern der Gegend einen Kampf gegen die Auflassung der Kirche führt. Dabei waren Heiligtümer und Gegenstände aus der Kirche verschwunden, die bei der Wiedereinweihung erneut auftauchten, mit der Glocke als dem bedeutendsten Stück.

Halldór Laxness berichtet über seine Arbeitsweise an diesem Buch: »Das eine oder andere wurde der Erzählung angepaßt, um ihr eine bessere Form zu verleihen; Jahreszahlen, Namen oder Orte entsprechen nicht immer den Tatsachen. Ich war auf einer Suche in der Vergangenheit, nach dem Beginn des Romans, der mit Chroniken oder Nachahmungen von Chroniken seinen Anfang nahm. Der Roman ist eine redigierte und imitierte Historie. Man tut, als ob man von der Wahrheit spräche, doch es ist eine Wahrheit, in der der Autor die Abfolge der Ereignisse selbst anordnet.« *(Skeggræður gegnum tíðina)* Laxness spielt in dieser Erzählung mit der Form der Heiligenlegende. Hier tauchen abermals Motive aus früheren Werken auf: der Gedanke aus *Salka Valka*, wie ein kleiner Schauplatz die ganze Welt zu fassen vermag, oder die Symbolik der *Islandglocke*, in der das Schicksal einer Glocke für Demütigung und Wiederauferstehung der Nation steht.

Aber die Geschichte wird mit leiser Ironie erzählt, ihre Botschaft ist einfach: Die Menschen, die für ihre Kirche kämpfen, ihre Heiligtümer bewahren und an ihrer Wiedererrichtung arbeiten, sind nicht in besonderer Weise gläubig oder kirchentreu. Sie sind einfach sich selbst und ihrer Herkunft treu, auch wenn die Moderne in ihrer Gemeinde Einzug hält. Die Menschen auf dem Land, die ihre Kirche wieder aufbauen, tun dasselbe wie Steinar, der am Ende von *Das wiedergefundene Paradies* die Steinmauer seines Hofs wieder aufschichtet. Er tut es für seinen eigenen Frieden.

Dies kommt auch deutlich in jener Parabel zum Ausdruck, die als der bekannteste Abschnitt des Buchs einige Male gesondert und zum Teil illustriert erschien: *Die Geschichte vom teuren Brot* (dt. 1972 mit Lithographien von Asger Jorn und 2002 mit Aquarellen von Sarah Kirsch). Die Geschichte erzählt von besagter Gudrun Jonsdottir, die ausgesandt wird, ein Brot zu holen, sich aber im Nebel verirrt und erst vier Tage später gefunden wird. Trotz ihrer Not hatte sie das ihr anvertraute Brot nicht angerührt. Gudrun erzählt diese Geschichte dem jungen Chronisten, der sie fragt, ob es ihr denn einerlei gewesen sei, ob sie überlebe oder sterbe, wenn nur das Brot gerettet würde:

»Was einem anvertraut ist, das ist einem anvertraut, sagt darauf die Frau. Frage: Kann man seinem Hausherrn nicht auch zu treu ergeben sein? Die Frau fragt zurück: Kann jemand jemals jemand anderem treu sein als sich selbst?«

Dieser Satz ist von Bedeutung, da die Geschichte gern als Gleichnis für die Notwendigkeit, das zu bewahren, was einem anvertraut wurde, oder in ähnlich vereinfachender Weise interpretiert wurde. Ein schwedischer Interviewer hat Laxness 1981 diese Frage gestellt, worauf er die Antwort bekam: »Ich bin ein Geschichtenerzähler. Gott hüte mich davor, die Welt zu retten. Gudrun war eine großartige Frau. Sie ging auf die Heide hoch und irrte tagelang mit dem Brot des Pfarrers umher, warum ging sie nicht einfach nach Hause? Das ist eine gute Geschichte, die ich erzählen mußte. Gudrun als Heilige, haha.« (*Bonniers Litteräre Magasin*, 1981)

Laxness nähert sich in seinen späten Büchern immer mehr dem, was er an seinen Vorvätern, den Schöpfern der Sagas, so bewunderte: »Es kann gut sein, daß die Verfasser der Sagas gelehrte und intelligente Männer waren, wenn nicht sogar Philosophen und Psychologen. Aber wenn das der Fall war, dann haben sie um alles in der Welt vermieden, das hervorzukehren. (...) Angesichts des Stoffes, der sie in seiner übermächtigen Größe zwang, den Griffel in die Hand zu nehmen, betrachteten sie es als Verletzung der guten Sitten, der Geschichte mehr von sich selbst mitzugeben, als dies: sie ›richtig‹ zu erzählen.« Und über Snorri Sturluson, den Verfasser der *Heimskringla* aus dem 13. Jahrhundert, heißt es: »Obwohl der Erzähler immer unbeteiligt tut, ist die Geschichte nie ganz frei von einem Anflug hochgelehrter Ironie, die sich unter der Oberfläche verbirgt.« (*Upphaf mannúðarstefnu*, »Ursprung des Humanismus«) Es ist dieser Abstand zum Stoff, den Laxness in vielen seiner späten Bücher anstrebt, nachdem er sich vom weitschweifigen Erzählen verabschiedet hat. Er schätzt Direktheit und Objektivität der Erzählung höher ein, erlaubt dem Stoff, die Erzählweise zu bestimmen, und verzichtet auf jegliche Affektiertheit. Und auch bei Laxness kommt in der Distanz jene »hochgelehrte Ironie« zum Ausdruck.

1972 fanden in Island die umfangreichsten Dreharbeiten statt, die das Land bis dahin erlebt hatte: Der Norddeutsche Rundfunk verfilmte *Das Fischkon-*

zert. Schon *Salka Valka* war 1954 von einem schwedischen Team verfilmt worden; auch dieser Film wurde in Island gedreht und war einer der ersten, bei dem Sven Nykvist, der spätere Kameramann von Ingmar Bergman, hinter der Kamera stand. Er war in vielerlei Hinsicht gelungen, Laxness allerdings war nicht ganz zufrieden, vielleicht weil der Film die sexuellen Seiten der Geschichte zu sehr betonte. Der deutsche Fernsehfilm vom *Fischkonzert* hingegen, bei dem Rolf Hädrich, ein großer Kenner und Bewunderer des Dichters, Regie führte, gelang zu Laxness' Zufriedenheit.

Hädrich hatte auch Interesse an einer Verfilmung von *Atomstation:* »Als ich ihn bat, mir die Verfilmungsrechte für *Atomstation* zu geben, verweigerte er dem ausländischen Regisseur den Zugang zu diesem Buch. Er sagte: ›Ich möchte nicht, daß meine damaligen Sorgen benutzt werden von denen, die ihre heutigen Probleme damit umschreiben wollen. Übrigens‹, fügte er kauzig hinzu, ›wie ich aus den beiden Teilen Deutschlands höre, sind alle mit ihren jeweiligen Besatzungstruppen zufrieden.‹« (Rolf Hädrich: Nachwort zu *Zeit zu schreiben*)

Das Fischkonzert war vom Stoff her längst nicht so explosiv. Die Dreharbeiten fanden hauptsächlich mit isländischen Schauspielern statt, mit dem in Deutschland und in der Schweiz arbeitenden Schauspieler Jon Laxdal in der Hauptrolle. Eine Tochter von Laxness, Gudny Halldórsdottir, damals Gymnasiastin, erledigte dabei zahlreiche kleinere Arbeiten und legte damit den Grundstein für ihre spätere Karriere als Filmregisseurin. Laxness verfolgte die Arbeiten mit Interesse und übernahm selbst eine kleine Rolle. Sieben Jahre später, 1979, traf sich das Team in fast identischer Besetzung erneut, um eine dreiteilige Serie nach dem Roman *Das wiedergefundene Paradies* für den NDR zu produzieren. Rolf Hädrich führte abermals Regie mit Jon Laxdal in der Hauptrolle, aber atmosphärisch gelang der Film nicht im gleichen Maße; man merkt es ihm an, obwohl keine Kosten gescheut und ein ganzes Dorf in Utah als Filmkulisse errichtet wurde.

Hädrich zufolge haben sich auch ostdeutsche Regisseure um eine Verfilmung von *Atomstation* bemüht, auch aus anderen Ländern seien Anfragen gekommen, aber Laxness habe stets abgelehnt. 1984 gestattete er isländischen Produzenten eine Verfilmung des Romans, woraus sich eines der größten isländischen Filmunternehmen seiner Zeit entwickelte. Später wurden zwei weitere Spielfilme nach Romanen von Laxness gedreht, beide unter der Regie seiner

Tochter Gudny: *Am Gletscher* (1989) und *Das gute Fräulein* (2000); außerdem produzierte das isländische Fernsehen einige Fernsehfilme nach Erzählungen. Laxness hatte seit seiner Zeit in Los Angeles Ende der zwanziger Jahre großes Interesse am Film und deshalb genaue Vorstellungen, wenn es um die Verfilmung seiner Werke ging, die er nur wenigen Regisseuren anvertraute.

Ungeachtet der Arbeiten am Film schrieb Laxness weiter und veröffentlichte 1972 *Die Litanei von den Gottesgaben (Guðsgjafaþula),* seinen letzten eigentlichen Roman. Es ist ein in vielerlei Hinsicht eigenwillig komponiertes Werk. Der erste Teil basiert auf persönlichen Erinnerungen – wie die restlichen vier Bücher, die Laxness noch schreiben sollte –, während der zweite Teil, in dem viele seiner Motive erneut auftauchen, gelegentlich wie eine Paraphrasierung früherer Romane wirkt. Thema ist der Einzug der neuen Zeit in Island, der anhand der Fischereiwirtschaft in einem kleinen Dorf geschildert wird. In diesem Dorf herrscht Goldgräberstimmung; keine Sparte der isländischen Fischerei konnte so einträglich sein wie der Heringsfang – und keine konnte so katastrophal einbrechen wie dieser. Heringe sind Gottesgaben, und anläßlich des Herings macht sich Laxness über das Spekulanten- und Abenteurertum in der isländischen Wirtschaft lustig. Die Geschichte ist im Ton ausgesprochen locker erzählt, beinahe burlesk und frei von dem ernsten Unterton, der Laxness' große Gesellschaftsromane zum gleichen Thema prägt.

Ein junger Dichter und Vogelhändler von Beruf schildert zunächst seine Erinnerungen aus dem Jahr 1920, das er, wie der Autor, als Achtzehnjähriger in Kopenhagen verbringt und wo er eines Abends dem abenteuernden Heringsgroßhändler Bersi Hjalmarsson begegnet. Im weiteren Verlauf wird die Geschichte aus verschiedenen Perspektiven erzählt. Laxness interessiert sich darin auch für die Fähigkeiten des Gedächtnisses zur Umgestaltung und Neubewertung von Ereignissen, die ihm einmal unbedeutend erschienen waren, »mir heute aber deutlicher vor meinem geistigen Auge stehen als an dem Tag, da sie sich zutrugen; ich sehe sie zumindest in dem Licht, das die Geschichte zu einem Ereignis gibt; denn nur die Zeit macht Geschichte; und ein Bericht über das, was jetzt unmittelbar geschieht, kann erst eine Geschichte werden, wenn Zeiten vergangen sind.« Der Skeptizismus des Dichters schließt die eigene Erzählung mit ein, die Position des allwissenden Erzählers, mit der Laxness in den letzten Jahren so sehr gekämpft hatte, macht einem Erzähler

Platz, der nicht klüger als er selbst ist, der seine Grenzen, Erinnerungslücken und sein fehlendes Wissen eingesteht. Dies eröffnet auch die Möglichkeit zu langen, geradezu essayistischen Ausführungen zu den verschiedensten Themen. Nicht umsonst schreibt Laxness in einem kurzen Nachwort zur isländischen Erstausgabe: »Das Buch ist eine Mischung aus allen möglichen Textsorten, Memoiren, Satire, Zeitungsartikel, Gedicht, Historie, Kurzgeschichte, Volksgut und so fort; aber vor allem ist es ein Roman, Dichtung in Form und Inhalt. In anderen Sprachen würde man eine solche Form wahrscheinlich Essay-Roman nennen.«

Doch vom Memoirencharakter des ersten Teils abgesehen, folgt das Buch den Formen des traditionellen Romans, es ist ein Schelmenroman über Bersi, diese Spielernatur der isländischen Fischerei. Bersi gelangt zu großem Reichtum und verliert sein Hab und Gut wieder. Ihm gehört ein Dorf wie Bogesen in *Salka Valka,* sein Verhalten und seine Repliken erinnern an Petur Dreiroß in *Weltlicht* und er verfügt über beste Beziehungen zu den Regierenden des Landes wie Bui Arland in *Atomstation.* Aber er hat auch etwas mit Bjartur und Steinar von Hlidar gemein, was ihm sympathische Züge verleiht: Er hat eine Tochter, die er mehr als alles andere auf der Welt liebt und die er doch durch seine geschäftlichen Machenschaften verliert. Bergrun heißt sie, sie führt ein glückloses Dasein, das sich in seiner erschütternden Wirklichkeitsnähe mahnend in Kontrast zum unwirklichen Schacher- und Spekulantenleben Bersis setzt. In guten Zeiten spielt er ihr auf der Violine vor, in schlechten Zeiten vergißt er, daß es sie überhaupt gibt. Am Ende kommt sie zu ihm, um zu sterben, und Bersi sagt im Krankenhaus zum Erzähler: »Es war meine Tochter. Ich bin ihr Vater. Ich war es, der für sie Geige spielte. Sie war gekommen, um mich zu besuchen.« Die ambivalente, gleichwohl starke Vater-Tochter-Beziehung ist ein Motiv, das bei Laxness all die Jahrzehnte hindurch immer wiederkehrt. Vielleicht sei die biographische Deutung erlaubt, daß er darin die Beziehung zu seiner ältesten Tochter aufhebt, deren Jugendjahre an ihm vorbeigeglitten waren und die er erst spät wirklich kennenlernte.

In einer Art Epilog dieser Geschichte in der Geschichte besucht der Erzähler Bersi, der sich im Ausland niedergelassen hat. Dieser holt die Violine seiner Tochter hervor und versucht darauf zu spielen: »Das mache ich nicht gut genug«, sagt er. »Es ist nicht gleich, was für ein Ton es ist. Es gibt einen einzigen Ton, auf den es ankommt. Ich will noch einmal probieren.« Doch was er auch versucht, es gelingt ihm nicht, den berühmten ›rechten‹ Ton zu finden; er, der sich in ein Netz weltlicher Ziele verstrickt hat, hat ihn für immer verloren. Die Welt der Kunst ist jenseits der Welt des Realen unzugänglich für die, die Kompromisse eingehen.

Die Litanei von den Gottesgaben untermauert noch einmal Laxness' Haltung zu den frühen Idealen. 1980 bekennt er sich in einem Fernsehinterview für den NDR offen zu seinen alten sozialen Auffassungen, auf diese Weise habe er »alles gehabt, auch Religion – alles, was Sie nennen, habe ich gehabt, alle Ismen habe ich mitgemacht. Und was ist das alles jetzt?« fragt er. »Zeichen auf der Leinwand, Stoff für meine Romane.«

Je älter Laxness wird, desto deutlicher wird auch, daß es ihm vor allem um eine gut erzählte Geschichte geht, gleich ob über sogenannte große Menschen oder sogenannte einfache. An den Kämpfen seiner Zeit nimmt er nicht mehr teil. Ab und zu veröffentlicht er Artikel, die längeren über altnordische Literatur, die kürzeren über irgendwelche Unarten des Volkes. Aber er will sich nicht mehr in das tagespolitische Geschehen mischen, keine Protestnoten mehr unterschreiben, sich vor keinen politischen Karren mehr spannen lassen. Mit einer Ausnahme: Zu Weihnachten 1970 verfasst er den Essay »Der Krieg gegen das Land«, wo er anschaulich beschreibt, wie die Isländer seit tausend Jahren ihr Land zerstört haben und wie die Kräfte der Großindustrie ihm jetzt den Rest geben könnten, und somit der späteren Diskussion zum Naturschutz vorgreift. Seine früheren Bücher verleugnet er keineswegs, doch liest man seine Interviews aus den siebziger und achtziger Jahren, so wird man stets aufs neue an den Satz erinnert, den er Rolf Hädrich gegenüber ausgesprochen hatte: er wolle nicht, »daß seine damaligen Sorgen benutzt werden von denen, die ihre heutigen Probleme damit umschreiben wollen«.

In Island wurde Laxness schon zu Lebzeiten zu einem Denkmal. Demonstranten wie Festredner beriefen sich auf ihn. 1968 unternahmen die Konservativen sogar einen Versuch, ihn als Kandidaten für die Präsidentenwahl zu gewinnen – vergeblich. Laxness ist in den letzten dreißig Jahren seines Lebens das Lieblingsmotiv aller Karikaturisten, Imitatoren ahmen seine etwas zögerliche Sprechweise nach. Allerlei Geschichten über ihn kursieren in der Öffentlichkeit, seine Repliken sind in aller Munde, niemand gilt als gebildet, der nicht zu jeglichem Anlaß ein passendes Laxness-Zitat parat hat. Der alte Laxness, der längst seine Kriegsbeile begraben hat, verfügt noch immer über seinen kauzigen Humor. Er hat Freude an absurden Reimen, dummen Witzen und daran, sich über die Gesellschaft lustig zu machen. Und solange es ihm seine Gesundheit erlaubt, schreibt er.

Temudschin der Nomade aus einer Erzählung von 1941 hatte gut die Hälfte der Welt mit Feuer und Schwert erobert und war der mächtigste König der Welt geworden, als er beschloß, umzukehren zu den mit Buschwerk bewachsenen Höhen des Nordens, »wo das Wasser in den Flüssen kalt und klar ist und ihr Rauschen fröhlich wie kleine Glocken« *(Sieben Zauberer)*. Halldór Laxness wendet sich, nachdem er der halben Welt seine Geschichten erzählt hat und der größte isländische Erzähler seit der Zeit des Snorri Sturluson geworden war, wieder dem heimatlichen Hof auf der Hauswiese zu, wo »ein klarer Quell und Duft von Ruchgras« zu finden sind *(Auf der Hauswiese)*. Temudschin hat den Weg zurück nach Hause nie gefunden; Laxness beendet vierzig Jahre, nachdem er die Erzählung vom mächtigen Nomaden geschrieben hat, ein vierbändiges Werk über seine »mit Buschwerk bewachsenen Höhen des Nordens« – mit jenen Büchern, die ich seine Erinnerungsbücher nenne. Sie umfassen allerdings nur die frühen Jahre: *Auf der Hauswiese (Í túninu heima*, 1975) umspannt die Zeit von den ersten Kindheitserinnerungen bis ins Alter von zwölf Jahren, als Laxness in die Berufsschule nach Reykjavík kommt. Die *Sjömeistarasagan* (»Siebenmeistergeschichte«, 1978) erzählt von den Jahren 1915 bis 1919, vor allem vom Winter 1918, als Island die Unabhängigkeit erlangt und Laxness an seinem ersten Roman, *Barn náttúrunnar (Ein Naturkind)*, arbeitet. *Úngur eg var* (»Jung war ich«, 1976) ist dem Aufenthalt in Dänemark im Winter 1919/20 gewidmet; *Grikklandsárið* (»Das Griechenlandjahr«, 1980) schließlich handelt von der Rückkehr nach Island und der Zeit als Hauslehrer in Hornafjördur im Frühjahr 1921. Die Idee zu solch einem Werk, wie zu so vielen anderen, kam Laxness bereits in den dreißiger Jahren. In einem Notizbuch aus dem Jahr 1931 hält er fest: »Ein kleines Buch schreiben das ›Zu Hause‹ heißen soll, Kindheitserinnerungen und Ortsbeschreibungen aus Laxnes (für Kinder, voller Reime und komischer Geschichten!).«

Diese Bücher werden oft als Memoiren bezeichnet, doch die Bezeichnung darf hier nicht im eigentlichen Sinn des Wortes verstanden werden. Laxness selbst nannte sie Essay-Romane und setzte diese Gattungsbezeichnung auch auf die Titeleien. Mit *Am Gletscher* hatte er seine Krise des Romans überstanden und neu begonnen mit einer ganzen Reihe von »Essay-Romanen«, die allesamt aus der Ich-Perspektive erzählt sind. Es sind Romane über die Entstehung des Ichs, anders als *Zeit zu schreiben,* das die »Abrechnung eines Dichters« war, wie sie denn auch in der dänischen Ausgabe betitelt wurde.

Ich verhehle nicht, daß für mich diese Bücher von einem besonderen Licht durchflutet sind, vom milden Licht eines Tages, in dem zahllose Details erstrahlen, die der Leser nach eigener Lust und Laune betrachten und bewerten mag. Sie sind zugleich eine einmalige Quelle für die Arbeitsmethode des Erzählers, seine persönliche Poetik und das Zeugnis eines Lebens, das stets eng mit der Erzählkunst verbunden war. Diese vier kleinen Werke, von denen bisher nur *Auf der Hauswiese* ins Deutsche übersetzt wurde, sind Laxness' »Buch vom Weg«, hier tritt er in der Rolle des Erzählers selbst als Taoist auf.

Mag sein, daß die Selbstanalyse das wichtigste Mittel zum Verständnis des Lebens ist; diese Bücher sind bei aller dichterischen Freiheit zweifellos Selbstanalyse. Wie alle Bücher autobiographischen Inhalts beschreiben sie, wie der Erzähler zu dem wurde, was er ist. Das öffnet zwei Perspektiven: Ist der Lebensplan des Erzählers nicht aufgegangen, wird seine Geschichte eines Scheiterns zu einer »Tragödie meines Lebens«. Glückt er, wie bei Laxness, so blickt der Autor im wesentlichen zufrieden auf sein Leben zurück, die ganze Erzählung wird im Zeichen dieser Zufriedenheit stehen. Sie ist geprägt von Milde und Weisheit und voller unterhaltsamer, hier und da mit Wehmut vermischter Geschichten.

Erik Sønderholm zufolge verglich Laxness sie mit byzantinischen Heiligenbildern: »Hier ist eine Vielzahl von Personen, jede für sich ein fertiges Gemälde, und wenn man näher tritt, erscheint jede einzelne als die Hauptperson, aber wenn man weit genug entfernt ist, ergibt sich doch ein Gesamtbild.« Laxness entwirft ein Tableau seines Werdens, zeigt uns, wie der Schriftsteller seine Sprache erwirbt, wie er ihre Nuancen erlernt, von den Menschen um ihn und durch seine Lektüre. Er berichtet über die Urkraft, die ihn zum Schreiben zwingt, über die Einsamkeit und Wunderbarkeit und irgendeinen Bazillus, der ihn immer wieder mit der Dichtung infiziert. Als der Erzähler sein zwanzigstes Lebensjahr vollendet, bricht das Werk ab, sein Lebensweg als Dichter ist vorgezeichnet.

Biographien sind Entwicklungsgeschichten und meist nur bis zu dem Punkt spannend, an dem der Erzähler zu sich selbst gefunden hat, alles andere hat lediglich kulturgeschichtlichen Wert, das wußte Laxness so gut wie Goethe. Und wie dieser wußte er, daß eine Entwicklungsgeschichte immer eine Mischung aus Dichtung und Wahrheit ist. »Im Roman fügen sich die Dinge aus guten Gründen zueinander, sogar nach Gesetzen; sonst wird es kein Roman. Im Leben gilt ein Gesetz, das Strohhalm im Wind heißt. Es gibt im Leben keine anderen Paradoxa als wahre Geschichten. Die Geschichte von sich selbst kann niemand erzählen, sie wird um so geschwätziger, je mehr man sich bemüht, die Wahrheit zu sagen.« *(Úngur eg var)* Die Bücher taugen daher nur bedingt als historische Quelle, Laxness arrangiert Tatsachen, komprimiert Ereignisse und verschiebt sie je nach Bedarf. Einen Brief zum Beispiel, den ihm ein Freund 1962 geschrieben hat, läßt er vierzig Jahre zuvor geschrieben sein, zu seinem zwanzigsten Geburtstag, weil er ihm dort für seine Erzählung zupaß kommt.

Olafur Karason schrieb in *Weltlicht* Geschichten über »seltsame Menschen«, und dies hat auch sein Autor Laxness hier getan. Die Menschen, die er in seiner Kindheit getroffen oder von denen er gehört hat, geben ihm Anlaß zu kurzen Episoden, manche erscheinen wie Gleichnisse, von denen nicht immer klar ist, wofür sie eigentlich stehen. Sie erzählen etwas, das auf andere Weise nicht zum Ausdruck zu bringen ist; dies war immer ein Hauptmerkmal von Laxness' literarischer Methode, deshalb schrieb er auch in der Zeit seiner radikalsten politischen Ansichten Bücher, die von einsamen Bauern handelten oder Mitleid mit Asta Sollilja erregten. Sosehr er in seinen Essays und Reden predigen mochte, in seiner Dichtung erzählte er am liebsten einfach Geschichten.

Seine Erinnerungsbücher enthalten gelegentlich Anmerkungen ästhetischer Art. »Ein gut geschriebener Satz ›sitzt‹ wie eine Blume, die am Boden wächst; er paßt. Es ist einfach, ein Epigone zu sein und den Knall zu erfinden, wenn andere das Schießpulver entdeckt haben«, heißt es zum Beispiel in *Grikklandsárið*. Und an anderer Stelle: »Die Schwierigkeit der Dichtung – ob Lyrik oder Prosa – ist dieselbe wie beim Ballett: Keine Anstrengung darf verspürt werden, alles muß wie selbstverständlich sein.« *(Auf der Hauswiese)* Nebensächlichkeiten sind für Laxness ebenso wichtig wie die ›Hauptsachen‹, ja, in guten Geschichten tritt das Wesentliche überhaupt erst durch das scheinbar Unwesentliche in Erscheinung, weshalb er sich selbst oftmals im Detail verlor: »Es war lange mein Laster – ich bin heute noch nicht davon frei –, daß das Hauptanliegen eines Buches bei mir drunter und drüber ging, während ich mich abgrundtief in irgendwelche winzigen Nebensachen vertiefe, wo ich dann unweigerlich steckenbleibe.« (ebd.)

Laxness hat oft davon gesprochen, daß es die Aufgabe der Erzähler sei, von den großen Ereignissen zu berichten, daß aber der Erzähler allein bestimme, was groß sei. Davon zeugen auch seine Erinnerungsbücher, er erzählt die große Geschichte vom Werdegang eines Dichters durch nichts als Nebensächlichkeiten und Episoden. »Die Schwierigkeit zu schreiben liegt darin, genug zu verschweigen.« (*Úngur eg var*) Am bedächtigsten geht er mit den wirklich großen Dingen, der Liebe und dem Tod, um. In der »Siebenmeistergeschichte« findet sich eine Liebesgeschichte, die nur vier Sätze lang ist. Laxness begleitet ein Mädchen durch den Regen nach Hause: »Wir konnten nichts sagen, aber auch nicht aufhören, uns im Regen an den Händen zu halten. Ich bin sicher, daß unsere Herzen mehr als wenig gepocht haben, beide gemeinsam. Es regnete auf unsere heißen, verwobenen Finger. Aber bald war das vorbei.« Ebenso knapp fällt die Beschreibung der Eltern aus. Der Abschied zwischen Vater und Sohn ist einer der Höhepunkte des Buchs, und nach dem Tod des Vaters heißt es nur: »An einem Punkt schweigen sowohl Historie als auch Roman.«

Dem alten Laxness brannte kein Thema mehr wirklich unter den Nägeln. Von seiner einstigen Leidenschaft zur Empörung ist hier kaum mehr etwas zu spüren, nur gelegentlich dort, wo er über die Zeichen seiner Zeit spricht, über Technik, Computer, Sprachverfall oder den Teufelskreis des Wirtschaftswachstums. »Aber die Lust am Erzählen«, schrieb er in *Auf der Hauswiese*, »das Vergnügen daran, für sich selbst und andere etwas in Worte zu fassen, große Ereignisse, Lebensläufe, innere Vorgänge, entspringt vielleicht einer Überempfindlichkeit gegenüber der Zeit, wie man vom Gestank des Katzenurins Lungenblähungen bekommen kann.« Aus Überempfindlichkeit gegenüber der Gegenwart erzählt uns Laxness hier von seiner Kindheit und wendet sich zugleich wie der Nomade Temudschin seinem altchinesischen Tao-Meister zu. Die Erinnerungsbücher sind vom *Tao-te-king* beeinflußt: Ihr Charakter entspricht dem, was Laxness einst von der Übersetzung des »Buchs vom Weg« gefordert hatte: »Die Sprache eines solchen Buchs muß einfach aussprechbar sein und volkstümlich, wie ein Reim, Volkssagen oder Sprichwörtern entsprechend.« (*Sjálfsagðir hlutir*, »Selbstverständliche Dinge«)

Eine fernöstlichen Sage, die Laxness zitiert, berichtet von einem Lehrmeister in seiner Bambushütte, der seinen Schüler an den Fluß hinunter schickt, um einen Krug Wasser für ihn zu holen. Am Fluß sieht der Schüler ein Mädchen, das sich das Haar kämmt, er verliebt sich in sie, baut eine Hütte, lebt dort mit ihr und gründet eine Familie. Bald stürzen Kriege und eine Unzahl von Katastrophen auf sie ein, alles wird vernichtet und zerstört, zuletzt steht der Schüler mit leeren Händen da, erinnert sich wieder seines Meisters und sucht ihn auf: »Der Meister blickte ihn eine Zeitlang an, bis er milde lächelte und sagte: Mein Freund, wo ist das Wasser, um das ich dich gebeten habe?« *(Úngur eg var)*

Nachdem er die Kriege seiner Zeit mit ausgefochten hatte, kehrt Laxness mit seinen Erinnerungsbüchern zu seinem altchinesischen Meister zurück, und er hat das Wasser nicht vergessen, den Duft von Ruchgras und den klaren Quell der Dichtung. Es ist eine ›taoistische‹ Literatur der feinen und treffenden Zeile, »nicht zu vergessen die tiefe und reiche Leere dahinter« *(Sjálfsagðir hlutir)*.

Nach 1980 hat Laxness kaum noch geschrieben. Er veröffentlichte 1984 noch eine Sammlung Essays und schrieb als eine seiner letzten Arbeiten einige Anmerkungen für die Edition seiner Klostertagebücher *Dagar hjá múnkum,* der »Tage bei den Mönchen« von 1987. Auch seine gute körperliche Verfassung, die er sich unter anderem durch tägliche Spaziergänge in der Umgebung seines Hauses Gljufrasteinn erhielt, konnte ihn nicht vor zunehmender geistiger Altersschwäche bewahren. Das Gedächtnis begann auszusetzen, seine Wahrnehmung der Umwelt zu leiden. Er bekam gelegentlich Wutanfälle wie oft bei Menschen, die eine Demenz nahen fühlen. Sie entwickelte sich zunächst im Verborgenen, er konnte noch immer witzig und frech sein: Mitte der achtziger Jahre sagte er norwegischen Journalistikstudenten gegenüber, das Nynorsk – eine Variante der norwegischen Sprache, die wegen ihrer antiquierten Art bei norwegischen Nationalisten beliebt ist – klinge, wie wenn ein betrunkener Schwede versucht, Altisländisch zu sprechen. In solchen Momenten wußte manch einer nicht recht, ob Laxness jemanden auf den Arm nimmt oder ihm sein Gehirn einen Streich spielt.

Die Senilität, es mag auch Alzheimer gewesen sein, nahm weiter zu, Laxness konnte bald nicht mehr lesen. Am längsten erhielt er sich die Fähigkeit, Noten zu lesen, er verbrachte viel Zeit am Klavier. In *Auf der Hauswiese* schrieb er: »Nie habe ich gezögert, wenn Zeitungsleute ihre klassische Frage stellten: ›Welches Buch würden Sie mitnehmen, wenn Sie ein Leben lang auf einer verlassenen Insel mit einem einzigen Buch verbringen müßten?‹ Ohne einen Anflug von Zweifel anwortete ich dann: ›Das Wohltemperierte Klavier von Johann Sebastian Bach.‹« Es war das einzige Buch, das Laxness auf die einsame Insel des Alters mitnehmen konnte. Er war der realen Welt entglitten in die unberührbare Welt der Kunst und der Schönheit.

Die letzten Jahre seines Lebens verbrachte Halldór Laxness in einem Pflegeheim nicht weit von seinem Haus entfernt, wo er im Frieden dessen lebte, der sich von dieser Welt gelöst hat. Er starb am 8. Februar 1998. In der Krankheit des Alters hatte er sich wieder dem Katholizismus zugewandt, begann von neuem den Namen Kiljan zu verwenden und wurde nach einer Totenfeier in der katholischen Kirche von Reykjavík in Mosfellssveit bestattet.

Halldór Laxness wurde in einem Jahrhundert der Extreme geboren, er durchlebte sie, und sie lebten in ihm; ebenso war sein schriftstellerisches Schaffen von ständigen Veränderungen geprägt. Im Nachruf auf seinen Dichterkollegen und Jugendfreund Tomas Gudmundsson, der auf der anderen Seite der Front des Kalten Kriegs gelandet war, hatte er geschrieben: »Wir haben gelebt, um das Elend der Welt zu sehen, ihre Dummheit und Unmenschlichkeit und, was am meisten von allem schmerzte, die nutzlosen Siege des Guten; und lebten in einer Atmosphäre, in der sich die besten Freunde wie fremde Menschen begegneten.« (*Og árin líða*, »Und die Jahre vergehen«) Aber die Gegensätze nahmen ab, und sie nahmen auch in Laxness' Schaffen ab. Es ist, als habe er als junger Mann seinen Lebensweg in einer Vision vorausgesehen; als Zweiundzwanzigjähriger läßt der den Helden seines autobiographischen Fragments *Heiman eg fór* den Weg des Künstlers so beschreiben: »Den Ansichten des Volkes und den Theorien des Jahrhunderts den Krieg erklären, alles Erlogene wahr und alles Wahre erlogen nennen, um dann einige Jahre vom glanzvollen Standpunkt des Übermenschen über die Welt zu blicken (...), bevor wir auf den Grund des Meeres tauchen, die teuerste Perle zu holen.«

Halldór Laxness – Bibliographie seiner Werke

1919: Barn náttúrunnar. Ástarsaga. Roman.

1923: Nokkrar sögur. Erzählungen. (in: *Mein heiliger Stein,* dt. von Hubert Seelow, Werkausgabe Bd. 10).

1924: Undir Helgahnúk. Roman.

1925: Kaþólsk viðhorf. Svar gegn árásum. Essay.

1927: Vefarinn mikli frá Kasmír. Roman. (*Der große Weber von Kaschmir,* dt. von Hubert Seelow, Werkausgabe Bd. 1).

1929: Alþýðubókin. Essays. (*Das Volksbuch,* dt. von Hubert Seelow, Werkausgabe Bd. 14)

1930: Kvæðakver. Gedichte.

1931: Þú vínviður hreini. Saga úr flæðarmálinu. Roman, erster Teil von Salka Valka.

1932: Fuglinn í fjörunni. Pólitísk ástarsaga. Roman, zweiter Teil von Salka Valka. (*Salka Valka,* dt. von Hubert Seelow, Werkausgabe Bd. 13)

1933: Í austurvegi. Reisebuch.

1933: Fótatak manna. Erzählungen. (in: *Mein heiliger Stein,* dt. von Hubert Seelow, Werkausgabe Bd. 10).

1934: Sjálfstætt fólk. Hetjusaga. Roman, erster Teil von Sein eigener Herr.

1934: Straumrof. Schauspiel.

1935: Sjálfstætt fólk. Hetjusaga. II. Roman, zweiter Teil von Sein eigener Herr. (*Sein eigener Herr,* dt. von Bruno Kress, Werkausgabe Bd. 6).

1937: Dagleið á fjöllum. Essays.

1937: Ljós heimsins. Roman, erster Teil von Weltlicht.

1938: Höll sumarlandsins. Roman, zweiter Teil von Weltlicht.

1938: Gerska ævintýrið. Reisebuch.

1939: Hús skáldsins. Roman, dritter Teil von Weltlicht.

1940: Fegurð himinsins. Roman, vierter Teil von Weltlicht. (*Weltlicht,* dt. von Hubert Seelow, Werkausgabe Bd. 12).

1942: Vettvangur dagsins. Essays.

1942: Sjö töframenn. Erzählungen. (in: *Sieben Zauberer*, dt. von Hubert Seelow, Werkausgabe Bd. 4).

1943: Íslandsklukkan. Roman. Erster Teil von Die Islandglocke.

1944: Hið ljósa man. Roman. Zweiter Teil von Die Islandglocke.

1946: Eldur í Kaupinhafn. Roman. Dritter Teil von Die Islandglocke. (*Die Islandglocke*, dt. von Hubert Seelow, Werkausgabe Bd. 7).

1946: Sjálfsagðir hlutir. Essays.

1948: Atómstöðin. Roman. (*Atomstation*, dt. von Hubert Seelow, Werkausgabe Bd. 3).

1950: Snæfríður Íslandssól. Schauspiel.

1950: Reisubókarkorn. Essays.

1952: Heiman eg fór. Roman, geschrieben 1924.

1952: Gerpla. Roman. (*Die glücklichen Krieger*, dt. von Bruno Kress, Werkausgabe Bd. 5).

1954: Silfurtúnglið. Schauspiel.

1955: Dagur í senn. Essays.

1957: Brekkukotsannáll. Roman. (*Das Fischkonzert*, dt. von Hubert Seelow, Werkausgabe Bd. 11).

1959: Gjörníngabók. Essays.

1960: Paradísarheimt. Roman. (*Das wiedergefundene Paradies*, dt. von Bruno Kress, Werkausgabe Bd. 8).

1962: Strompleikurinn. Schauspiel.

1962: Prjónastofan Sólin. Schauspiel.

1963: Skáldatími. Erinnerungen. (*Zeit zu schreiben*, dt. von Jón Laxdal, 1976).

1964: Sjöstafakverið. Erzählungen.

1965: Upphaf mannúðarstefnu. Essays.

1966: Dúfnaveislan. Schauspiel.

1967: Íslendíngaspjall. Essay.

1968: Kristnihald undir jökli. Roman. (*Am Gletscher*, dt. von Bruno Kress, Werkausgabe Bd. 2).

1969: Vínlandspúnktar. Essays.

1970: Úa. Schauspiel.

1970: Innansveitarkronika. Roman. (*Kirchspielchronik*, dt. von Fritz Nothardt, 1976).

1971: Yfirskygðir staðir. Essays.
1972: Norðanstúlkan. Schauspiel.
1972: Guðsgjafaþula. Roman. (*Die Litanei von den Gottesgaben*, dt. von Bruno Kress, Werkausgabe Bd. 9).
1972: Skeggræður gegnum tíðina. Gespräche mit Matthías Johannessen.
1974: Þjóðhátíðarrolla. Essays.
1975: Í túninu heima. Essayroman. (*Auf der Hauswiese,* dt. von Jón Laxdal, 1978).
1976: Úngur eg var. Essayroman.
1977: Seiseijú, mikil ósköp. Essays.
1978: Sjömeistarasagan. Essayroman.
1980: Grikklandsárið. Essayroman.
1981: Við heygarðshornið. Essays.
1984: Og árin líða. Essays.
1986: Af menníngarástandi. Essays aus den zwanziger Jahren.
1987: Dagar hjá múnkum. Tagebuch aus dem Kloster.

Editorische Notiz

Für dieses Buch habe ich zahlreiche Quellen ausgewertet und aus der Sekundärliteratur zitiert, die wichtigsten Titel seien hier genannt. In Island gibt es, anders als in Deutschland, sehr viel Material zu Laxness und seinem Werk. Die besten Bücher hat der schwedische Literaturwissenschaftler Peter Hallberg geschrieben. Die isländischen Ausgaben sind allesamt in Reykjavík erschienen und heißen *Vefarinn mikli I* und *II* (1957 und 1960), *Hús skáldsins I* und *II* (1970 und 1971) sowie *Halldór Laxness* (1975), eine kurze Monographie. Erwähnt sei auch sein Artikel »Hei in« über die erste Version von *Sein eigener Herr* (*Tímarit Máls og menningar* 3/1951). Viele der zitierten Laxness-Briefe finden sich bei Hallberg, dies ist jeweils im Text verzeichnet; wo das nicht der Fall ist, handelt es sich um unpublizierte Briefe, die im Laxness-Archiv der Nationalbibliothek in Reykjavík oder bei seiner Witwe Audur aufbewahrt werden. Auch die Notizbücher sind bislang unveröffentlicht, sie wurden mir von Audur Laxness zugänglich gemacht.

Auf Dänisch liegt ein gutes Übersichtswerk des Literaten und Übersetzers Erik Sønderholm vor: *Halldór Laxness – en monografi* (Kopenhagen 1981). Von Olafur Ragnasson und Valgerdur Benediktsdottir stammt der Laxness-Bildband *Lífsmyndir skálds* (Reykjavík 1992), aus dem viel Fotomaterial entnommen wurde. Um Laxness in den zwanziger und dreißiger Jahren geht es bei Arni Sigurjonsson: *Laxness og þjóðlífið I* und *II* (Reykjavík 1986–87); über sein Verhältnis zur Politik und zur Sowjetunion hat Sigurdur Hroarsson geschrieben: »*Eina jörð veit ég eystra*« — *Halldór Laxness og Sovétríkin* (Reykjavík 1986). Laxness' Jugendwerke sind das Thema meines Buchs *Loksins, loksins – Vefarinn mikli og upphaf íslenskra nútímabókmennta* (Reykjavík 1987). Sehr nützlich ist das Übersichtswerk von Wilhelm Friese: *Halldór Laxness – Die Romane. Eine Einführung* (Basel und Frankfurt am Main 1995), dort wird in Übersetzung viel aus bislang unpublizierten Essays zitiert. Von Wilhelm Friese habe ich zudem den Artikel »›Undir Helgahnúk‹ und ›Kristnihald undir jökli‹: Der Ring schließt sich« (*Scandinavica XI*, London 1972) verwendet. Von Matthias Johannessen stammt das Buch mit Laxness-Interviews *Skeggræður gegnum tíðina* (Reykjavík 1972), ein weiteres zitiertes Gespräch findet sich in *Interviews mit Schriftstellern* von Josef-Hermann Sauter (Leipzig und Weimar 1982). Zitiert wurde auch aus der Literaturgeschiche von Kristinn E. Andresson: *Íslenskar nútímabókmenntir 1918–1948* (Reykjavík 1949).

Beide Ehefrauen von Laxness haben ihr Leben erzählt, Ingibjörg Einarsdottir der Redakteurin Silja Adalsteinsdottir: *Í aðalhlutverki – Inga Laxness* (Reykjavík 1987) und Audur Sveinsdottir der Journalistin Edda Andresdottir: *Á Gljúfrasteini* (Reykjavík 1984). Über die isländische Linke und die Sowjetunion schrieb Jon Olafsson in *Kæru félagar – íslenskir sósíalistar og Sovétríkin* (Reykjavík 1999); Örn Olafsson hat ein Buch veröffentlicht über die »Roten Federn«: *Rauðu pennarnir – Bókmenntahreyfing á 2. áratug 20. aldar* (Reykjavík 1990). Viele gute Aufsätze zu einzelnen Werken sind in dem Band *Halldórsstefna*, herausgegeben von Elin Bara Magnusdottir und Ulfar Bragason, zu finden (Reykjavík 1993). Zur Laxness-Rezeption in Deutschland schrieb Gudrún Hrefna Gunnarsdottir: »Halldór Laxness in Deutschland. Rezeptionsgeschichtliche Untersuchungen« (*Beiträge zur Skandinavistik 8*, Frankfurt am Main 1989). Haraldur Sigurdsson und Sigridur Helgadottir haben eine ausführliche Bibliographie der Übersetzungen von Laxness' Werken zusammengestellt (*Árbók Landsbókasafnsins,* 1993). Das Zitat von Georg Simmel stammt aus einem Aufsatz von 1903 und steht in seinem Buch *Brücke und Tür* (Stuttgart 1957). Das Eingangszitat von Heinrich Böll ist aus einem handschriftlichen Gruß, den der Huber Verlag, Frauenfeld, gemeinsam mit Grüßen vieler weiterer Gratulanten in eine Jubiläumsausgabe von *Sein eigener Herr* einbinden ließ und dem Autor zum 80. Geburtstag 1982 schenkte.

Die Zitate aus Laxness' Büchern, seinen Zeitungs- und Zeitschriftenbeiträgen und aus anderen Werken sind jeweils im Text nachgewiesen oder problemlos zuzuordnen. Sie folgen, wenn nicht anders vermerkt, der Laxness-Werkausgabe des Steidl Verlags, herausgegeben von Hubert Seelow, in den Übersetzungen von Bruno Kress und Hubert Seelow; auch auf Seelows Nachworte zu den einzelnen Romanen habe ich mich gestützt. Ebenfalls der Werkausgabe folgend wurde bei Eigennamen auf die isländischen Akzente und die spezifischen Buchstaben Þ (vergleichbar dem scharfen ›th‹ im Englischen) und ð (ein weiches ›th‹, wiedergegeben mit d) verzichtet, der eingeführte Akzent auf dem Namen Halldór bildet die einzige Ausnahme. Die kursiv geschriebenen Originaltitel dagegen sind hier in der korrekten isländischen Orthographie wiedergegeben. Neben den Originaltiteln wurden auch die Titel deutscher Übersetzungen kursiv gesetzt; wo keine deutsche Ausgabe vorliegt, stehen Hilfsübersetzungen der Titel in Anführungszeichen.

Einen Großteil des Manuskripts und auch viele bislang nicht übersetzte Laxness-Zitate hat Helmut Lugmayr für mich ins Deutsche gebracht. Dafür gebührt ihm mein allerbester Dank, sowie auch Jan Strümpel vom Steidl Verlag für sein geduldiges Lektorat. Valgerdur Benediktsdottir war bei der Bildauswahl behilflich. Schließlich danke ich Audur Laxness für ihre große Gastfreundschaft und dafür, daß sie mir Halldór Laxness' Briefe, Notizbücher und Manuskripte zugänglich machte.

Halldór Gudmundsson, 2002

Bildnachweis

Umschlagmotiv: Gerhard Steidl. Autorenphoto: Kristinn Ingvarsson. S. 34, 35, 36: Fotostudio Oddsson og Dahlmann. S. 38: Anni Zeibig. S. 46, 53, 120: Jon Kaldal. S. 50: Jörgen Fosslund. S. 51, 52: Hans Malmberg. S. 102: Halla Bergs. S. 117 u.: Sibylle Bergemann. S. 153 o.: Kristjan Magnusson. S. 153 u.: Olafur K. Magnusson. S. 159: Jim Smart. S. 161: Magnus Hjörleifsson. S. 162–168: Gerhard Steidl. S. 203–208: Halldór Laxness. – Die weiteren Fotografen konnten nicht ermittelt werden.

1. Auflage 2011

© Copyright Steidl Verlag, Göttingen 2011
© 2011 für die Photographien von Jon Kaldal: Myndstef
Alle Rechte vorbehalten
Deutsch in Zusammenarbeit mit Helmut Lugmayr
Buchgestaltung: Steidl Design
Satz, Druck, Bindung:
Steidl, Düstere Str. 4, 37073 Göttingen
www.steidl.de
Printed in Germany by Steidl
ISBN 978-3-86930-235-5